Lucilla Guidi

Fabio Verna

La democrazia

mediatica

Duopolio e oligopolio

Lucilla Guidi e Fabio Verna
La democrazia mediatica.
Duopolio e oligopolio

© 2008 Lucilla Guidi e Fabio Verna

Copertina: progetto grafico Ver-Fin

ISBN:
978 – 1 – 4092 – 0371 – 1

Finito di stampare nel mese di maggio 2008
Stampato e distribuito da:
Lulu Press, Inc.
960 Aviation Parkway, Suite 300
Morrisville, North Carolina 27560
U.S.A.

http://www.lulu.com

Il contenuto di ogni capitolo e paragrafo è stato discusso in stretto e profondo accordo: questo ha fatto sì che i contributi di ognuno siano pressoché indistinguibili e inseparabili. Tuttavia, a fini strettamente accademici, se una paternità materiale deve essere assegnata, i capp. 1, 2, 6 e l'Introduzione sono da attribuire a Lucilla Guidi, i capp. 3, 4, 5 e le Conclusioni sono da attribuire a Fabio Verna.

Indice

Prefazione

Paradossalmente nessuno come il maggior esponente dell'assolutismo, Luigi XIV, ha espresso con altrettanta efficacia il presupposto su cui si basa la democrazia: "Chi è male informato ragiona male". La conseguenza è evidente: chi male ragiona, peggio sceglie e quindi determina un contributo non positivo allo sviluppo della convivenza civile.

Bisogna però subito chiedersi che cosa si intende per informazione. L'impostazione tradizionale implica che prima c'è l'azione politica e poi la sua divulgazione. Persino un grande comunicatore come Silvio Berlusconi rimprovera a se stesso, con riferimento alla passata legislatura in cui è stato Presidente del Consiglio, di aver pensato che bastasse governare e solo dopo informare i cittadini per ottenere il loro consenso. Persino a lui era sfuggito il fatto che l'azione di governo coincide, nelle nostra "età dell'informazione" con la comunicazione dei propri atti. Non c'è soluzione di continuità.

La teoria dei "due scalini"

Chiarito questo, un secondo quesito che si pone è se l'informazione abbia un effetto diretto sul pubblico oppure se sia mediata dai gruppi di opinione. E' la nota teoria dei "due scalini", secondo la quale sono i leaders d'opinione, nei diversi settori – politico, economico, religioso, delle relazioni sociali - a orientare le scelte dei cittadini.

I nostri orientamenti maturano all'interno della famiglia, degli ambienti di lavoro, nelle aggregazioni del tempo libero, dei movimenti di base, degli interessi categoriali e così via. Noi filtriamo perciò la proposta politica televisiva attraverso le maglie di tali forme di partecipazione, cosicché, vedendo ad esempio un dibattito televisivo, ci confermiamo nei nostri orientamenti approvando chi la pensa come noi, cioè in conformità al nostro ambiente di appartenenza, al nostro *habitat* e disapprovando chi è contrario. Secondo questa impostazione, la televisione sarebbe quindi un "gigante timido" dal punto di vista della sua incidenza politica: attuiamo nei suoi confronti un ascolto selettivo e ne conserviamo una memoria selettiva.

Personalmente, per quanto autorevoli e generalizzate, queste teorie non mi hanno mai convinto fino in fondo. Ho sempre pensato che gli effetti della televisione, anche nella scelta politica, siano ben più diretti di quanto queste teorie "rassicuranti" volessero e vogliano farci credere.

Innanzitutto - ma questo è stato ampiamente ammesso - c'è da considerare l'*influenzabilità degli incerti*. L'equazione è semplice: più sono gli incerti, più la fonte televisiva è influente.

Ne deriva che più è forte il cambiamento (ed è questo il carattere del nostro momento), cresce l'incertezza e la gente deve orientarsi e riposizionarsi, più incide la televisione. Di conseguenza la teoria dei due scalini si affievolisce proprio nei passaggi più delicati della vita politica di una nazione e chi vi si crogiola, sopravvalutando la militanza tradizionale e sottovalutando l'incidenza del mezzo, che è più facilmente destinato all'insuccesso.

In secondo luogo, la funzione del gruppo scricchiola di fronte alla complessità, all'articolazione, ai *cambiamenti di scenario* e di alleanze, ai colpi di scena indotti anche da avvenimenti esterni al mondo politico, come quelli che si muovono sul palcoscenico internazionale. Davanti a questo «spettacolo del quotidiano» così incalzante ed imprevedibile mi si deve spiegare quale è la famiglia, quale il gruppo amicale o professionale, quale il movimento culturale che riesce contemporaneamente a tener dietro all'alluvione informativa e a trovare lo spazio di dibattito per maturare un giudizio critico e un orientamento politico.

Se è certo che bisogna favorire ogni relazione interpersonale, ogni forma di dialogo che aiuti la maturazione di un atteggiamento attivo e consapevole di fronte al teleschermo, bisogna però anche realisticamente ammettere che la televisione stessa si incarica di interpretare, confrontare e discutere le informazioni che essa trasmette e le diverse prese di posizione che ne derivano.

È molto difficile immaginare che le argomentazioni che si esprimono in un gruppo possano essere più articolate di quelle che si ascoltano nelle diverse rubriche di dibattito che la televisione stessa promuove. Certo, quel poco che si potrà discutere faccia a faccia sarà molto più personale e interiorizzato, ma – ripeto – sarà sempre meno articolato rispetto a quello che verrà "macinato" dalla televisione stessa.

La *terza ragione* di crisi del gruppo interpersonale è data da un fattore che si manifesta sempre più decisivo nella vita contemporanea, più decisivo persino, almeno nelle società avanzate, dello stesso fattore economico: è *il fattore-tempo*.

Ci avviamo a tappe forzate verso una società della "piena occupazione percettiva". Giovani, adulti ed anziani hanno ed avranno sempre meno spazi di *otium*, per dirla con un termine latino che ben riassume il concetto di distacco, di riflessione, di tempo non programmato o persino di noia. Il nostro tempo è saturo e il mastice con cui vengono colmati gli interstizi tra le attività produttive, di studio, di vita familiare, di hobbistica comunque attiva, quasi fosse un lavoro, questo mastice, dicevo, è costituito dalla televisione e dai new media, che vanno da Internet alla telefono cellulare e alle loro multiformi applicazioni.

Tanto è vero, questo, che sempre più chiaramente le agenzie pubblicitarie si pongono prioritariamente il problema di ottenere spazi nel tempo e nell'attenzione della gente, giacché il ritorno economico viene giudicato come una inevitabile conseguenza. Senza il fattore "tempo-attenzione" non c'è consumo, così come non c'è orientamento di scelta politica.

L'incidenza diretta del mezzo televisivo

Insomma il punto centrale di tutto questo ragionamento è che siamo giunti a una *fase "matura" del mezzo televisivo,* in cui la sua diffusione e penetrazione è tale da renderne evidente la capacità d'incidenza diretta e profonda nella formazione del giudizio politico, così come nell'orientamento etico, civile, economico, culturale, religioso, ecc. La televisione, per riprendere l'espressione suggestiva e anticipatrice del Cazeneuve, si sta veramente dimostrando "il grande forum", come ai tempi dei Romani, o "la nuova agorà" della civiltà greca.

Né deve trarre in inganno la relativa stabilità degli indicatori che rilevano il tempo dedicato al mezzo televisivo, giacché debbono essere coordinati con il cambiamento delle abitudini di ascolto.

La televisione-mastice non richiede più di seguire interi programmi dall'A alla Z. Ma è ugualmente, anzi ancor più incidente nel presentare schegge di informazione e di discussione strutturalmente tra loro coerenti in qualsiasi momento ci affacciamo su di essa, che in realtà è, insieme alla radio, il "rumore di fondo audiovisivo" dell'intera nostra giornata.

In sintesi, l'argomento decisivo riguardo l'influenza della televisione sui nostri orientamenti elettorali è dato dal fatto che la maggior parte delle informazioni su partiti, coalizioni e candidati le riceviamo dal piccolo schermo. E questo vale a maggior ragione da quando la politica ha perso di spessore programmatico e si basa maggiormente e quasi esclusivamente sul rapporto di fiducia che l'elettore ripone nel leader. Non a caso i simboli riportano pressoché sempre il suo nome e i manifesti per le strade la sua faccia. E qui ancora una volta la televisione gioca un ruolo determinante perché non rappresenta solo il "pensiero" dei candidati, ma le loro fattezze, il loro atteggiarsi, le sfumature che possono alimentare o distogliere la fiducia di chi li ascolta. In altre parole, non solo gli elementi denotativi (razionali), ma anche quelli connotativi (emozionali).

Ma il passaparola e la militanza di base non hanno perduto la loro efficacia. Le recenti elezioni politiche ne hanno dato un'ulteriore prova attraverso il successo della Lega. Ancora una volta il suo risultato è maturato, per così dire, lontano dagli schermi televisivi. La frase più icastica in proposito è stata scritta da Gad Lerner su *la Repubblica* del 15 aprile 2008, all'indomani della consultazione: "Bossi è riuscito a conservare, pur nella malattia e lontano dai media, l'aura mitica del fondatore di un popolo". Sul contatto diretto aveva fatto affidamento in particolare anche Walter Veltroni con i suoi 110 comizi in tutte le province d'Italia. E certamente sono stati una componente del consenso elettorale ricevuto dal PD. Ed anche gli altri leader hanno dosato il tempo tra apparizioni televisive – che Berlusconi avrebbe voluto più numerose, rompendo il vincolo della "par condicio" e il contatto diretto con il pubblico. Non è un caso che il famoso "annuncio del predellino" da lui fatto a San Babila a Milano in un una circostanza apparentemente occasionale sia stato l'atto fondativi del suo nuovo partito, destinato ad allargarsi anche ad Alleanza Nazionale.

Più che mai complesso è dunque oggi l'intreccio tra media e comportanti elettorali. Non si deve tra l'altro trascurare la presenza di Beppe Grillo, sia nelle piazze che sui blog, con forme di contatto che si sono dimostrate tra loro complementari, rendendo evidente l'efficacia anche delle nuove tecnologie se opportunamente utilizzate.

Le riflessioni di Fabio Verna, apprezzato economista ma con una notevole esperienza maturata nel mondo della comunicazione, assommate alla formazione filosofica di Lucilla Guidi, hanno il merito di cogliere l'ampia articolazione sociale, tecnica ma soprattutto normativa, in cui si incanala la comunicazione politica cercando di dipanare una matassa estremamente intricata.

Prof. Gianpiero Gamaleri
Ordinario di sociologia dei processi culturali e comunicativi
Università degli Studi di Roma RomaTre

Introduzione

La libertà d'informazione attraverso i mezzi di comunicazione di massa e i nuovi media digitali è oggi il fondamento di qualsiasi sistema politico che possa definirsi liberale e democratico. Il dibattito recente ha ribattezzato le nostre forme di governo "democrazie digitali", sottolineando il forte influsso dello sviluppo tecnologico applicato ai mezzi di comunicazione e il conseguente ampliamento del dibattito pubblico.

La presente analisi affronta il complesso rapporto tra la libertà d'informazione e la democrazia, esaminando il processo di formazione e di crescita del sistema di comunicazione italiano. Il criterio di valutazione del grado di libertà di un paese moderno viene in primo luogo individuato nel pluralismo dei media, sia dal punto di vista delle fonti che sul piano delle interpretazioni.

Partendo da queste considerazioni generali, il nostro lavoro si rivolge al sistema di informazione italiano, esaminando sia il grado di pluralismo interno ai diversi vettori di comunicazione, sia affrontando il problema del pluralismo esterno, del rapporto cioè che intercorre tra i diversi mezzi d'informazione.

In particolare viene individuata un'*anomalia italiana* nel rapporto tra carta stampata e antenna sulla base di molteplici parametri, dalla bassa percentuale di lettori di giornali in Italia alla sperequazione dei flussi pubblicitari destinati ai due mezzi. Il testo fornisce inoltre una ricostruzione dell'*iter* normativo del sistema televisivo, analizzando il passaggio dal monopolio al duopolio, fino all'attuale situazione di un oligopolio in costruzione.

Infine viene presa in considerazione la cosiddetta "rivoluzione digitale", ovvero lo strumento con cui la configurazione tecnologica trasforma i media, permettendo una inte-

razione crescente tra vecchi e nuovi mezzi di comunicazione. Nell'ultimo capitolo invece si esamina il rapporto con il
più attuale dei media: il Web. La rete consente infatti di individuare uno spostamento in avanti del problema della libertà d'informazione: dalla necessità di avere a disposizione
una pluralità di risposte, a quella di poterne effettivamente
disporre. Consentendo che le domande vengano anticipata-
mente e soprattutto adeguatamente poste anche dal singolo
cittadino nella reciprocità della comunicazione.

Capitolo 1

Il ruolo dell'informazione in una democrazia

Il processo evolutivo del pensiero liberale nel panorama politico internazionale ha radicalmente cambiato l'impostazione dei governi di quei paesi in cui si è affermata una cultura democratica. L'avvento delle rivoluzioni liberali ha messo in primo piano, attraverso la necessità del consenso, il rapporto tra cittadini e organi di governo. Per non perderci nella selva di idee scaturite dalla e sulla democrazia ci riferiamo a quei criteri che, secondo Dahl, definiscono "una democrazia compiuta"[1]. Premesso che la realtà democratica di un paese non si sovrappone mai totalmente all'idea di "democrazia compiuta", è tuttavia utile tenere presente alcune teoriche linee-guida, per comprendere il rapporto che la libertà d'informazione intrattiene con la possibilità di avvicinarsi in modo concreto al concetto *limite* di "democrazia compiuta". Registriamo quali sono secondo Robert Dahl i cinque criteri che contraddistinguono in qualunque comunità una democrazia compiuta:

1- Partecipazione effettiva: "prima che una strategia venga adottata [..] tutti i membri devono avere pari ed effettive opportunità per comunicare agli altri le loro opinioni a riguardo"[2];
2- parità di voto;
3- diritto all'informazione: "entro ragionevoli limiti di tempo, ciascun membro deve avere pari ed effettive

---

[1] R. DAHL, *Sulla democrazia*, Laterza, Roma-Bari, 2000, p.72.
[2] Ivi, pp. 41-42

opportunità di conoscere le principali alternative strategiche e le loro conseguenze"[3];
4- controllo dell'ordine del giorno;
5- universalità del suffragio;

Questi criteri sono ordinati da Dahl in modo gerarchico. Diritto di espressione, di voto e di informazione sono dunque i tre criteri fondamentali. Lo stesso diritto di voto va di pari passo con la possibilità del cittadino di conoscere le alternative di strategia politica e di esprimere il suo pensiero a riguardo. Ciò è tanto importante da poter affermare insieme a Dahl che "offrire opportunità di crearsi una conoscenza chiara delle questioni pubbliche non è solo parte fondamentale della democrazia, ma ne è un requisito fondamentale"[4].

La democrazia dunque non si esaurisce nelle istituzioni politiche o nelle pratiche a esse connesse, non è solo forma di governo ma coinvolge il complesso rapporto tra i cittadini e tra i cittadini e le questioni pubbliche. E' qui che entrano in gioco i mezzi di comunicazione, *medium* tra cittadini e questioni pubbliche, è da qui che è possibile discutere sul ruolo della libertà d'informazione.

Dal momento che è il sistema di informazione italiano ad essere oggetto del presente lavoro, è opportuno comprendere quali sono stati in Italia i mediatori tra cittadini e questioni pubbliche, registrando da subito una delle "anomalie italiane" la quale, accanto all'anomalo squilibrio tra carta stampata e antenna - che analizzeremo in seguito - risulta un elemento definiente del sistema di informazione del nostro Paese.

In Italia, in modo di gran lunga maggiore rispetto agli altri paesi di tradizione democratica, i partiti hanno svolto un forte ruolo nel mediare il rapporto tra cittadini e questioni

---

[3] *Ibidem.*
[4] Ivi, p. 84.

pubbliche. I partiti infatti, nati originariamente nelle grandi democrazie come canali di organizzazione dell'opinione, vere e proprie piramidi rovesciate che hanno saputo dar vita a fenomeni di partecipazione effettiva, dal basso, hanno vissuto una progressiva "statalizzazione". Sono mutati cioè da organizzazioni dell'opinione pubblica a organismi del potere pubblico, dello stato. In Italia i partiti hanno svolto un ruolo di mediazione per così dire "oltre i media", costituendo di fatto il luogo in cui ci si informava, si ricevevano le notizie e si acquisiva la conoscenza delle strategie politiche ma anche si comunicava agli altri la propria opinione a riguardo. La presenza di questa organizzazione collettiva ha portato al mancato consolidamento della prassi individuale di informarsi. Da qui forse deriva la bassa percentuale in Italia di lettori di giornali. E vedremo nel corso di questo lavoro se e come ciò abbia influito nella formazione dell'attuale equilibrio "esterno" tra mezzi di comunicazione, in particolare nello "squilibrio", indicato dai flussi pubblicitari, tra il vettore televisivo e quello della carta stampata

A seguito del progressivo allontanamento del partito dall'opinione pubblica - tema di non poca attualità, siamo giunti alle liste bloccate, alla politica del Palazzo, alle "caste" - l'opinione pubblica è ora incarnata dai media. I più diffusi sono ancora, nonostante l'avvento di internet, carta stampata, radio e televisione. Per rimanere però, con Dahl, al prerequisito democratico della libertà di informazione, occorre analizzare questo tramite tra cittadini e questioni pubbliche. Procedendo per delimitazioni negative, si può in primo luogo dire cosa rende un sistema d'informazione *non* democratico. Per valutare il tasso di libertà del sistema d'informazione italiano è necessario infatti fissare alcuni criteri. E per farlo certamente si può partire dalla considerazione banale ma di buon senso secondo cui la propaganda non è libera informazione. Definendo cioè cosa sia la propaganda si può arrivare a farsi un'idea su cosa si debba intendere per libera informazione. E' utile a tal fine riferirsi a chi di propaganda se ne intendeva tanto da farne l'eminente strumento per il mantenimento e l'abuso di potere: il Ministro della Propaganda del terzo Reich.

Goebbels fornisce un punto di partenza per capire cosa rende efficace un'azione di propaganda quando afferma che "l'uomo comune è solitamente molto più primitivo di quanto immaginiamo e che la propaganda di conseguenza deve essere sempre essenzialmente semplice e ripetitiva"[5]. Fin qui però non abbiamo un criterio saldo che permetta di discernere un'azione di propaganda da una legittima ricerca di consenso. Si dà il caso di un'azione volta a raccogliere consenso che intenzionalmente utilizza concetti semplificati, anche a fronte di una sottovalutazione intenzionale del suo destinatario, che comunque non può essere definita propaganda. Certamente il semplicismo è un elemento della propaganda, ma non solo di quest'ultima. Per semplicismo non intendiamo la semplificazione dei problemi affinché possano essere compresi da una parte di cittadini più ampia possibile, ma la riduzione dei problemi "al livello" di cittadini considerati culturalmente e mentalmente "primitivi". Pensiamo ai contenuti delle campagne elettorali: slogan iper semplificati, ripetitivi, che di certo non tradiscono come presupposto una grande considerazione del destinatario cui si rivolgono. Quando Goebbels però affianca alla necessità di valutare primitive le masse –e dunque di rivolgersi ad esse attraverso concetti banalizzati e iper semplificati- quella di "ripeterli e continuare a ripeterli"[6], emerge l'elemento della *quantità* di informazione come criterio di discernimento. Se infatti non è possibile in assoluto distinguere un'azione di propaganda da una legittima ricerca di consenso, si può tuttavia riflettere sulla distinzione tra tre concetti spesso contigui, che tendono a sfumare l'uno nell'altro:

---

[5] J. GOEBBELS cit. in R.E. HERZSTEIN, *the War that Hitler won*, Paragon House, New York, 1987, p. 31.
[6] *Ibidem.*

quello di testimonianza, di persuasione e di propaganda. In ogni democrazia vi è oggi la necessità di essere testimoni non solo di un'interpretazione politica della realtà, ma anche di interessi reali e, al fine di poterne essere i rappresentanti, di acquisire consenso, persuadendo la "opinione pubblica". Anche la propaganda può avere come effetto quello della persuasione, almeno per saturazione. Tuttavia ciò che distingue un'azione di persuasione come ricerca di consenso da una di propaganda, piuttosto che il fine o il contenuto, dunque gli interessi di cui si è testimoni e di cui si vuole persuadere o meno gli altri, è la presenza o l'assenza di una pluralità di alternative. Non è possibile cioè fare una differenza di contenuto o di scopo e definire "ricerche di consenso" le azioni "nobili" e "propaganda" quelle "ignobili"; o rifarsi ai contenuti "buoni" contro i "cattivi"; bensì si può individuare come criterio di discernimento la mancanza di alternativa. La propaganda dunque non si distingue dalla ricerca di consenso per il valore del fine del contenuto veicolato, né per le intenzioni del comunicatore, né per le tecniche usate ma per la quantità informativa diffusa senza che si abbiano sufficienti alternative. La propaganda non ammette di essere contraddetta. Non si tratta di cambiare i contenuti delle azioni con cui si ricerca consenso, né di evitare di "fare propaganda", ma di garantire che si abbiano alternative. E' il pluralismo l'unico antidoto. Se un'azione di propaganda è tale quando la mole d'informazione esaurisce a livello quantitativo l'intera informazione veicolata, allora ci troviamo in un ambiente di monopolio, più o meno esplicito. Se non vi è alcuna alternativa, ma una unica versione dei fatti, quantitativamente ridondante e in grado di offuscare le altre fino a farle scomparire, abbiamo a che fare un'azione di propaganda. La mancanza di informazioni alternative tradisce la presenza di un'unica fonte effettiva e questa rimanda ad unico soggetto di potere. Il pluricentrismo, il contrasto cioè tra forze politiche, economiche e sociali, scompare; e dunque la propaganda diviene insieme sintomo di mancanza di libertà e malattia organica della democrazia.

Tuttavia, se la propaganda perfetta è propria di uno stato totalitario in cui non c'è alcun contrasto manifestabile e manifesto, ciò non implica che in una democrazia reale un'informazione di tipo propagandistico sia *tout court* da escludere. Nel momento in cui la democrazia è un sistema mobile, si danno anche condizioni culturali economiche e politiche in cui l'ambiente è di fatto monopolizzato. In questo caso, pur continuando ad essere in presenza di istituzioni definite democratiche, i principi della libertà di informazione e espressione vengono meno poiché il tramite tra questioni pubbliche e cittadini, che dunque dà voce e prende voce dall'opinione pubblica, è univoco e monocentrico: la democrazia si trasforma in paternalismo, l'opinione pubblica in massa uniforme. Un esempio di propaganda paternalistica[7], fondata proprio sulla mole di informazioni diffuse e sulla *quantità* che offusca le alternative, viene proprio da un grande paese democratico, gli Stati Uniti. Nel 1916 il Presidente Wilson fu rieletto perché aveva tenuto fuori l'America dalla grande guerra europea. Il suo slogan era stato "Pace senza vittoria". Lo stesso Presidente portò dopo soli cinque mesi il paese nel conflitto. Per persuadere l'opinione pubblica vennero applicati per la prima volta a una questione politica le tecniche di persuasione che la pubblicità stava elaborando da qualche decennio per i prodotti commerciali. Creel, a cui venne affidato l'incarico, centrò l'obiettivo e dunque "convinse" gli americani a farsi ammazzare in massa offuscando l'informazione che ogni nove uomini mandati in Francia 5 morivano sul campo. A tale scopo la commissione Creel utilizzò la diffusione in quantità massiccia di informazione: 6000 veline, 755.090 discorsi pubblici, 15 periodici quindicinali, 200.000 lucidi per con-

---

[7] L'esempio è fornito da E. MARZO, *La voce del padrone -saggio di liberalismo applicato alla servitù dei media-* , Dedalo, Bari, 2006, p. 110.

ferenze, 1438 disegni per manifesti. E' per questo che la democrazia per non abbandonare il suo cammino concreto verso la "compiutezza", seppur irraggiungibile, ha bisogno di continue iniezioni di liberalismo, sfuggendo il paternalismo più o meno esplicito derivante dal monopolio quantitativo dell'informazione. E' proprio infatti il concetto di paternalismo ad essere fortemente dibattuto dai padri del pensiero liberale. Lo stesso Kant nel saggio "Risposta alla domanda: che cos'è l'illuminismo?" si dedica ad argomentare la necessità di alimentare il contrasto, sia esso politico, culturale o economico, al fine del progresso della società umana, scagliandosi contro ad un ruolo paternalista dello stato. Le parole del filosofo tedesco, che risalgono al 1784, risultano di un'attualità sorprendente in grado di fotografare ancora oggi i rischi - da tenere sempre bene a mente - a cui incorre una società in cui vi è un'unica voce che vuole parlare per tutte, un unico ambiente di fatto monopolizzato:

E' tanto comodo essere minorenni! Se ho un libro che pensa per me, un direttore spirituale che ha coscienza per me, un medico che decide per me sulla dieta che mi conviene, io non ho più bisogno di darmi pensiero da me. Purché io sia in grado di pagare, non ho bisogno di pensare; altri si assumeranno questa noiosa occupazione. A far sì che la stragrande maggioranza degli esseri umani ritenga il passaggio allo stato di maggiorità, oltreché difficile, anche molto pericoloso, provvedono già quei tutori che si sono assunti con tanta benevolenza l'alta sorveglianza sopra costoro. Dopo averli in un primo tempo instupiditi come fossero animali domestici e aver accuratamente impedito che queste pacifiche creature osassero muovere un passo fuori dal girello da bambini in cui le hanno imprigionate, in un secondo tempo mostrano loro il pericolo che le minaccia qualora tentassero di camminare da soli. Ora questo pericolo non è poi così grande come si fa loro credere, poiché a prezzo di qualche caduta essi alla fine imparerebbero a camminare[8].

---

[8] E. KANT, *Risposta alla domanda: che cos'è l'illuminismo in Scritti di storia, politica e diritto* a cura di Filippo Gonnelli, Laterza, Roma-Bari, 2002, p. 45.

Capitolo 2

Sussurri e grida: l'anomalia italiana tra giornali e tv

Delimitando negativamente la libertà d'informazione a partire dalla propaganda, quello che il senso comune ci dice essere il suo "opposto", sono emersi due risultati: 1) Il criterio per distinguere la propaganda dalla legittima ricerca del consenso è la presenza o l'assenza di una pluralità di fonti. Più ci si allontana da un ambiente monopolizzato, maggiore è la libertà d'informazione. 2) Un ambiente di monopolio è possibile anche in democrazia. Il sistema d'informazione è sempre soggetto a trasformarsi in un sistema di propaganda.

Se il pluralismo è l'unico antidoto e dunque l'unica condizione in grado di garantire l'esplicarsi di legittime ricerche di consenso, è necessaria non solo una pluralità di fonti all'interno di ogni mezzo di comunicazione - *pluralismo interno* - ma anche una alternativa reale e plurale *tra* mezzi di comunicazione, la presenza dunque anche di *pluralismo esterno*.

Certamente, infatti, un vettore, ovverosia un mezzo di comunicazione, non è di per sé neutrale. Ciò vuol dire che non è possibile considerare come fossero fattori indipendenti il linguaggio che è proprio del mezzo, e il messaggio da esso veicolato. In tal senso è necessario -al fine di un effettivo ambiente pluralista- accanto alla presenza di una molteplicità di fonti, anche la garanzia di una effettiva differenziazione nei linguaggi con cui le informazioni vengono diffuse. Questo è fondamentale affinché il cittadino possa comprendere adeguatamente le questioni pubbliche e partecipare democraticamente, affinché cioè il consenso sia espresso a seguito di una scelta ragionata. Per analizzare il caso italiano è utile partire dal rapporto tra carta stampata e antenna, poiché è qui che emerge nel modo più evidente l'anomalia del nostro sistema di informazione: lo squilibrio tra il potere della televisione rispetto a quello degli altri mezzi di comunicazione, in particolare della stampa. Anomalia che certamente è in via di evoluzione. Il 41° Rapporto Censis[1] sulla situazione sociale del paese ha infatti registrato una crescita dei lettori di giornali, dovuta sia alla possibilità di consultare le maggiori testate nazionali *on line*, sia alla diffusione dei free press e sia, infine, alla mole di inserti, libri, film, dischi e *gadgets* che in maniera crescente sono legati ai quotidiani e ai periodici nazionali, incentivandone di fatto le vendite. A questo quadro si sono aggiunti anche l'aumento dell'effettiva diffusione di internet a banda larga, la proliferazione di radio sul web, il digitale terrestre e la tv satellitare che hanno affiancato la tv generalista, la quale, tuttavia, rimane il mezzo più diffuso e di maggiore impatto. Quest'ultima affermazione viene confermata dall'analisi dei flussi pubblicitari che la tv riesce a incanalare e ad assorbire. Secondo l'ultimo rapporto Nielsen[2], la quota dei flussi pubblicitari trasmessi dalle televisioni è circa il 60% di quella totale. Sebbene questo andamento registri un lieve calo nel 2006, dell'1% circa, di fatto una quota maggiore al 50% dei finanziamenti pubblicitari è riservata alla televisione. Radio, internet, affissioni, periodici e quotidiani si spartiscono la restante fetta. Ciò crea dunque un forte squilibrio tra le risorse economiche destinate alla televisione generalista, rispetto a quelle a disposizione degli altri media. Se dunque non si può parlare di monopolio, la televisione detiene certamente il primato.

Ciò è abbastanza rilevante per comprendere il tasso di libertà del sistema di informazione italiano, in particolar modo poiché il tasso di pluralismo esterno, ridotto dal forte squilibrio tra televisione e altri media, si affianca al problema dell'esiguo tasso di pluralismo interno al vettore televi-

---

[1] Il rapporto è consultabile sul sito http://www.censis.it
[2] Il rapporto Nielsen 2006 sull'andamento dei flussi pubblicitari è consultabile sul sito http://www.nielsenmedia.it.

sione, di fatto dominato dal duopolio RAI-Mediaset, incontrastato dalla normativa vigente. Il problema del pluralismo interno al vettore televisivo, verrà trattato più dettagliatamente nel prossimo capitolo. In particolare in questo capitolo si vuole attestare, a partire da alcuni dati, lo squilibrio tra tv e carta stampata, le grida dell'uno contro i sussurri dell'altro.

Questo squilibrio è decisamente destinato a durare. Infatti, se l'andamento dei flussi pubblicitari in internet registra un aumento record nel 2006 e una previsione di crescita esponenziale nel 2007 -con numeri a due cifre- favorendo anche la radio - adattabilissima al web -, e se i flussi pubblicitari assorbiti dalla televisione accennano troppo sommessamente a diminuire[3], è la carta stampata a essere messa a dura prova. Le imprese editrici di giornali soffrono economicamente nonostante negli ultimi anni siano aumentate le vendite. Questo trend provoca conseguenze non trascurabili per quanto riguarda la possibilità per il cittadino di farsi un'idea quanto più chiara e approfondita dei fatti. Da questa considerazione discende anche la concreta possibilità di esprimere un'opinione a riguardo e dunque di partecipare al dibattito pubblico congenito alla democrazia. Riprendendo le parole dell'ex Presidente della Repubblica Ciampi, pronunciate nel contesto del dibattito che ha preceduto l'approvazione della legge Gasparri, è necessario ricordare "l'energica tutela"[4] che la Costituzione accorda alla stampa e il rapporto strettissimo che lega l'esistenza di una stampa libera e forte ad una democrazia matura e qualificata. La mentalità "tipografica" comporta un corredo di qualità che Bertrand Russell catalogava sotto il nome di "immunity to

---

[3] *Ibidem*.
[4] Il messaggio dall'ex Presidente della Repubblica risale al 13.12.2003 in G.GAMALERI, *Lo scenario dei media Radio, Tv, tecnologie avanzate*, Kappa, Roma, 2006, p. 240.

eloquence"[5] (impermeabilità al potere magico delle parole), che, sempre a detta di Russel, costituisce una delle acquisizioni più importanti per i cittadini di una democrazia. Se le democrazie facessero dei sogni, sicuramente sognerebbero dei cittadini-lettori. Che cosa deve saper fare questo cittadino ideale della democrazia? Neil Postman[6] ha fatto una lista delle doti richieste dal sogno:

- sapere restare immobili davanti a un pezzo di carta per il tempo necessario senza distrarsi;
- impadronirsi del significato delle parole;
- distinguere la logica dell'argomentazione dal piacere estetico della lettura;
- sospendere il giudizio fino a che l'argomentazione non è finita;
- tenere a mente le domande fino a quando non si è stabilito se il testo fornisce le risposte;
- confrontare con l'autore le proprie esperienze valide ma sapendo trascurare quelle non pertinenti, che non hanno peso;
- sbarazzarsi della credenza che le parole siano magiche;
- imparare a trattare il mondo delle astrazioni;
- orientarsi senza illustrazioni;

Queste affermazioni ci danno alcune direttive per capire cosa significa, dal punto di vista individuale, essere implicati e contribuire alla costruzione del dibattito pubblico, cosa concretamente vuol dire essere informati e conoscere le questioni pubbliche. Non si tratta infatti solo di recepire no-

---

[5] B. RUSSEL, cit. in G. BOSETTI, *Giornali e tv negli anni di Berlusconi,* a cura di G. Bosetti e M. Buonocore, I libri di Reset, Marsilio, 2005, p. 23.
[6] N. POSTMAN, cit. in *ibidem.*

tizie, accumularle e registrarle ma anche di essere in grado di contestualizzare i fatti facendosi un'idea del quadro interpretativo in cui vengono inseriti. Avere dunque strumenti culturali per rielaborare le interpretazioni e darne la propria versione. Si tratta cioè del complesso processo che, selezionando le interpretazioni dei fatti che compongono un determinato scenario, conduce poi alla formazione di una opinione relativamente autonoma a riguardo. Pur non sostenendo che una corretta informazione provenga unicamente dalla carta stampata, ma valutando in tutta la sua portata il ruolo che radio e televisione hanno svolto nel processo di diffusione della cultura, a partire dall'alfabetizzazione- ricordando il maestro Manzi e il suo televisivo "non è mai troppo tardi"-Senza sottovalutare neppure la nuova funzione -fondamentale- che internet svolge in maniera sempre più capillare in particolar modo sul fronte del pluralismo delle fonti, fornendo di fatto la possibilità di accedervi in modo diretto, è necessario tuttavia tenere presente e preservare la capacità di approfondimento che è propria della carta stampata. Un'analisi comparativa eseguita sul periodo 2001-2004[7] dalla FIEG (Federazione Italiana Editori Giornali), in riferimento al numero di lettori di giornali in Italia rispetto agli altri paesi europei, mette in luce l'anomalia della situazione italiana: con 99 copie vendute ogni 1000 abitanti, il nostro paese si posiziona sia molto lontano dai paesi che dominano la classifica, come la Norvegia, la Finlandia e la Svezia, sia dagli altri: Regno Unito (297), Austria (302), Germania (273), Olanda (260), Belgio (153), Francia (136). Se a ciò si aggiunge la ripartizione dei flussi pubblicitari (fonte Nielsen 2006) - negli U.S.A., il paese con la maggiore fioritura della TV commerciale, la percentuale di pubblicità destinata alla televisione è del 35% circa; in Germania, anche qui estremo opposto a quello italiano, del 24% circa-

---

[7] L'analisi è reperibile sul sito http://www.fieg.it

si può concludere che "l'uomo tipografico" è schiacciato di fatto in Italia dall'*homo videns*.

Si tratta di differenze davvero rilevanti che indicano due opinioni pubbliche profondamente diverse per qualità, linguaggio, stile comunicativo, contenuti e saperi. Si può avanzare l'ipotesi che una ragione importante di questa distorsione culturale, che ci rende assai diversi sotto questo aspetto dalle altre realtà europee, sia attribuibile alla coincidenza temporale tra le trasformazioni socio-culturali prodotte dal boom economico degli anni '50 e l'avvento della televisione. Quando per la prima volta attraverso il tubo catodico furono trasmessi i neonati programmi televisivi - era il 1953 - si calcola che solo 8 milioni di italiani parlassero la lingua nazionale, mentre 27 milioni non la usavano che saltuariamente, parlando quotidianamente solamente il proprio dialetto regionale e locale. Ciò è avvenuto nonostante fosse già stato avviato negli anni '30 dalla radio e dal cinema il processo di unificazione linguistica e malgrado 90 anni di istruzione obbligatoria.

Certamente in nessun paese del mondo l'opinione pubblica opera come in un laboratorio scientifico: essa è soggetta ovunque al denaro, subisce il fascino delle personalità che sostengono le opinioni, è alimentata e condizionata da pregiudizi e interessi costituiti. In tutti i paesi economicamente più sviluppati, la fallacia di antipatie e simpatie superficiali ci sono più o meno come da noi, ma hanno vita più dura e contrastata poiché, nella sfera dei ragionamenti sugli affari pubblici, vengono bilanciati da un maggiore pluralismo televisivo e sono contrastati in buona misura dalla carta stampata, la quale dispone per la sua natura di mezzo alfabetico, da leggere, di filtri professionali di grana più fine[8]. La stampa deve certamente esibire questi mezzi di ap-

---

[8] Sulla diversa natura del mezzo alfabetico e sulla anomalia italiana, G. BOSETTI, *Anomalia italiana televisione*, I libri di Reset, allegato al n°83 di "Reset", p. 18.

profondimento poiché sono la sua ragione di esistere, perché la comunità dei lettori ha comunque un criterio di selezione e giudizio che si affida a quei mezzi specifici. E' indubbio infatti che la stessa persona, se davanti alla TV o davanti alle pagine di un giornale, impiega un diverso criterio di giudizio, acquisisce le informazioni con una diversa disposizione. Mentre per esempio si può guardare il telegiornale e fare altro, questo non è possibile durante la lettura di un articolo, aumentando così la capacità di percepire le informazioni.

Da ciò discendono alcune considerazioni. Certamente le imprese scelgono la piazza di maggior visibilità e il mezzo più efficace per rendere più appetibile il proprio prodotto sul mercato, considerando anche il fatto che il rapporto tra l'incisività e il prezzo degli spazi pubblicitari televisivi è decisamente favorevole. In Italia gli spazi pubblicitari televisivi hanno i prezzi più bassi d'Europa[9], essendo più alti solo di quelli applicati in Grecia. Coerentemente la pubblicità si dirige là dove, al minor prezzo, raggiunge il maggior numero possibile di potenziali consumatori. La pubblicità si è andata allora a canalizzare nella televisione, a seguito proprio della sua diffusione di massa rispetto alla scarsa percentuale di lettori di giornali, che solo in quest'ultimo anno registra un aumento quantitativo. Certamente bisogna anche valutare l'incisività dell'immagine unita alla obbligatorietà di guardarla se si è davanti allo schermo televisivo - lo zapping non è sempre vincente visto che spesso le pubblicità vengono mandate in onda contemporaneamente in quasi tutti i canali. Rispetto alla possibilità, navigando in internet, di chiudere la finestra pubblicitaria, o leggendo il giornale di saltare la pagina promozionale, al minor tempo dunque in entrambi i casi a cui si presta attenzione allo spot, la televisione si rivela certamente più efficace. Non è dun-

---

[9] http://www.nielsenmedia.it

que solo una questione numerica, basata sul numero dei telespettatori comparato a quello dei lettori dei giornali o agli
internauti, ma sicuramente la quantità gioca il ruolo decisivo.

Dal duopolio del sistema televisivo italiano viene certamente determinato non solo il ridotto tasso di pluralismo interno al vettore Tv, ma anche, indirettamente, il ridotto tasso di pluralismo esterno, poiché di fatto la televisione mo-
nopolizza più della metà del mercato pubblicitario a scapito
delle risorse destinate alla carta stampata.

Ma vi è un altro complesso di fattori che contribuisce ad
innescare il "circolo vizioso" tra aumento degli investimenti
pubblicitari televisivi, disponibilità di questi ultimi a prezzi
"stracciati" e posizione dominante della tv a discapito della
carta stampata.

Quest'ultimo coacervo di motivazioni è interno alla
struttura del sistema tipografico che si è andata a costituire
storicamente in Italia. Si possono individuare alcuni elementi che hanno frenato la diffusione della stampa nel nostro paese e dunque hanno determinato la sua configurazione attuale:

Il primo riguarda l'assetto del sistema editoriale italiano,
da sempre caratterizzato dalla mancanza di "editori puri",
cosiddetti perché motivati nelle loro attività da ragioni pre-
valentemente imprenditoriali. Per complesse ragioni storiche e culturali la stampa è stata infatti nel nostro paese ca-
ratterizzata da proprietà scarsamente interessate ai rendi-
menti editoriali, sia che si tratti di giornali gestiti da imprenditori i cui interessi prevalenti si collocano al di fuori
dell'editoria (il gruppo Fiat e RCS, Caracciolo/De Benedetti
La Repubblica e l'Espresso, la famiglia Berlusconi Il Giornale, Confindustria Sole24ore, Caltagirone Messaggero,
Gruppi imprenditoriali locali e relative testate regionali), sia

che si tratti di giornali espressione di forze politiche e sindacali[10].

Non si può non considerare l'altissima percentuale nel dopoguerra di analfabetizzazione, con una conseguente minore diffusione dell'abitudine alla *lettura* del "quotidiano" rispetto agli altri paesi europei, il cui livello culturale di partenza, al momento della diffusione di massa del mezzo televisivo, era certamente più elevato. Su questo, anche gli interventi di De Rita, Segretario Generale del Censis. Basta comunque tenere presente il documentario di Pasolini "Comizi d'amore" diretto nel 1965 per rendersi conto della situazione culturale italiana soprattutto rispetto al problema della carenza di alfabetizzazione e in generale in riferimento al livello linguistico-culturale dei cittadini.

Tra le cause del ritardo italiano della diffusione dei giornali, la FIEG ha individuato il fatto che la quasi totalità delle vendite avviene nelle edicole e pochissimi sono gli abbonamenti sottoscritti dai lettori italiani con le testate dei quotidiani, a causa anche del malfunzionamento del sistema postale. Nel comunicato della FIEG che sintetizza l'indagine sulla situazione della stampa italiana nel periodo 2004-2006[11] si legge che "l'arretratezza italiana emerge con evidenza dal confronto internazionale. Laddove gli abbonamenti sono più sviluppati si rilevano i più alti livelli di diffusione dei quotidiani. Non a caso, l'unico paese europeo con una percentuale di abbonamenti inferiore a quella che si registra in Italia, la Grecia (3%), è anche il paese con i livelli di venduto più bassi"[12]. Un apporto in favore della distribuzione poterebbe esser fornito dalle liberalizzazioni delle vendite dei giornali al di fuori delle edicole. Lo stato

[10] F. CHIARENZA, *Il sistema dell'informazione e della comunicazione*, in Lezioni napoletane della scuola di liberalismo 2005, una realizzazione degli amici della Fondazione Luigi Einaudi, Roma, 2005, p. 64.
[11] http://www.fieg.it
[12] http://www.fieg.it (comunicato stampa).

attuale delle liberalizzazione del mercato è ancora troppo poco incisivo.

Sono poi da considerare i costi elevati delle diverse componenti che contribuiscono alla realizzazione di un giornale; i contratti nazionali dei giornalisti e dei tipografi infatti costituiscono spesso per realtà editoriali locali e di minori dimensioni oneri non sostenibili. Ciò genera la confluenza di due fenomeni: la presenza di lavoro nero nelle redazioni e l'utilizzo sempre più massiccio delle nuove tecnologie che riducono l'effettivo impiego del giornalista regolarizzato e del tipografo. In aumento negli ultimi anni, in Italia ma anche in altri paesi - gli U.S.A. sono interessati in modo evidente da quest'ultimo fenomeno - i costi che derivano dalle querele per diffamazione e dai risarcimenti, che hanno costretto gli editori a più approfonditi controlli e scansioni dei contenuti pubblicabili. Nel nostro paese questo fenomeno è aggravato dal potere e dalla conseguente responsabilità affidati al direttore di testata, i quali non sono compatibili con la redazione di giornali sempre più ampi nei contenuti e sempre più complessi dal punto di vista dell'organizzazione redazionale[13].

Inoltre l'applicazione della formula "omnibus"[14] - il giornale per tutti - attuata dalla stampa italiana non ha ottenuto i risultati sperati. Alcuni direttori e corpi redazionali hanno sviluppato e applicato questa formula in modo vincente, spingendo la competizione con la televisione fin dove era possibile: sviluppi tipografici, moltiplicazioni delle sintesi e degli strumenti ausiliari, il background, la ricapitolazione, la tecnica del "primo sfoglio", la scomposizione della

[13] F. CHIARENZA, *Il sistema dell'informazione e della comunicazione*, in Lezioni napoletane della scuola di liberalismo 2005, Fondazione Luigi Einaudi, Roma, 2005, p. 66.
[14] G. BOSETTI, *Giornali e tv negli anni di Berlusconi,* a cura di G. Bosetti e M. Buonocore, I libri di Reset, Marsilio, 2005, p. 29.

notizia e il suo sviluppo da diverse "entrate", la capacità non solo di informare ma anche di intrattenere. La formula si è dimostrata davvero efficace. Il risultato è che alcuni quotidiani italiani, il cui destinatario era la classe dirigente, dunque una fascia ristretta di pubblico, si sono modificati incorporando nel proprio target fasce sociali e culturali più ampie e popolari. Tuttavia questo incremento non ha coinvolto numerose testate. Solo le più grandi, la "Repubblica", " La Stampa", il "Corriere della Sera", hanno avuto un aumento decisivo nelle vendite, supplendo attraverso queste nuove scelte e attraverso la distribuzione abbinata di una vastissima serie di guide, libri, dischi e film, al dominio sulla pubblicità della televisione e alzando di fatto il volume a quei sussurri che, in caso contrario, sarebbero stati completamente zittiti. Tuttavia, se nel periodo 2001-2004[15] i giornali erano riusciti a supplire allo squilibrio dei flussi pubblicitari, nel 2004-2006[16], come risulta dall'analisi del FIEG, "è impensabile che la stampa possa continuare a svolgere un ruolo efficace se si assisterà ad un'ulteriore contrazione delle entrate pubblicitarie; anche perché internet si è aggiunta alla televisione nel drenare crescenti risorse soprattutto sul piano della pubblicità cosiddetta classificata, vale a dire una fonte di ricavo fondamentale soprattutto per i quotidiani locali". Infatti, se da un lato la vendita dei quotidiani di "elite" è in Italia più "popolare" rispetto all'estero, e la formula "omnibus" ha innescato anche in alcune storiche testate europee nuove scelte d'impostazione nell'elaborazione delle notizie, dall'altro il numero dei lettori delle maggiori testate nazionali italiane non raggiunge i lettori della diffusissima "Bild Zeitung" o del "Sun". Se le grandi realtà editoriali italiane sopravvivono, i quotidiani e i periodici locali soccombono, lasciando di fatto l'Italia ad un progressivo ridimen-

---

[15] Indagine 2001-2004 http://www.fieg.it
[16] Indagine 2004-2006 http://www.fieg.it

sionamento degli editori di giornali, dunque della pluralità dei soggetti che veicola a mezzo stampa le notizie.

Un elemento di grande interesse nel confronto con gli altri grandi paesi democratici riguarda il tema della funzione di una stampa forte come quella americana, tedesca e inglese, di quotidiani e settimanali destinati sia alla fascia più istruita della popolazione, ma anche dei potentissimi *tabloids*. La distinzione tra stampa d'approfondimento e stampa popolare, presente negli altri paesi democratici, in Italia è pressoché assente e si risolve nel dualismo giornali-tv. L'argomentazione da proverbiale "uva acerba" che sostiene di preferire non avere i *tabloids* poiché intrisi di sensazionalismo trash, è ben poco condivisibile. In primo luogo dimentica i profitti degli industriali editori e dunque la crescita economica del Paese. Ma soprattutto - elemento ancor più rilevante per il tema in questione - soffre di amnesia quando è in gioco uno degli elementi cardine del sistema democratico: il pluralismo. Non possiamo non considerare che il potere della comunicazione nei paesi dove la stampa raggiunge tirature a noi sconosciute, è ripartito su un numero maggiore di soggetti e imprese, è più equilibrato, è più competitivo. Se la democrazia è un sistema di *chechs and balances*, dove ci sono più giornali, dove la stampa è più solida, dove non c'è né un monopolio né un duopolio della pubblicità, ci sono certamente più *checks* e più *balances* e dunque una democrazia più forte, con la conseguenza di una minore esposizione alla pressione monopolistica e conformistica sull'opinione in ogni senso[17]. E conseguentemente con una minore esposizione al rischio sia di veder trasformata la democrazia in paternalismo, sia l'opinione pubblica in massa uniforme; rischio a cui - come sopra ricordato - è

---

[17] Sulla mancanza dei tabloids in italia, G. Bosetti, *Anomalia italiana televisione*, I libri di Reset, allegato al n°83 di "Reset", p. 18.

sempre esposto il sistema di comunicazione, mai immune alla propaganda.

Capitolo 3

Politica e comunicazione televisiva: duopolio o oligopolio?

Come già rilevato in precedenza, la televisione è ancora oggi in Italia il medium più diffuso. A fronte però di un bacino di utenza di grandi dimensioni - e quindi fortemente eterogeneo per età, sesso, condizioni sociali etc. - il mercato televisivo è invece caratterizzato, dal punto di vista della offerta, dal cosiddetto duopolio Rai-Mediaset. Cercheremo di chiarire la nascita, l'evoluzione e l'assetto legislativo che sono alla base del sistema televisivo attuale[1].

Occorre però dapprima fare una considerazione di carattere generale, per registrare una tendenza nuova e in forte crescita che, nell'ultimo anno, ha riguardato la modalità in cui i cittadini italiani hanno utilizzato i mezzi di informazione, accedendo di fatto al dibattito sulle questioni pubbliche. L'ultimo Rapporto Censis (41°)[2] rileva l'aumento della cosiddetta informazione multimediale, dell'esercizio cioè da parte dei cittadini del diritto ad essere informati attraverso l'utilizzo di più mezzi di comunicazione. Informarsi in modo multimediale, ritagliando all'interno della propria giornata diversi tempi e occasioni è prassi che va diffondendosi. Leggere i giornali, accedere poi alle fonti o controllare le notizie dell'ultima ora su internet, guardare i telegiornali, o usufruire delle offerte a pagamento della tv satellitare o del digitale terrestre, con programmi di informazione 24 ore su

---

[1] La ricostruzione dell'iter legislativo italiano in materia radiotelevisiva è stata condotta basandosi sul testo di G.GAMALERI, *Lo scenario dei media, radio, tv, tecnologia avanzata*, Kappa, 2006.

[2] http://www.censis.it

24 o di approfondimento, sono abitudini che vanno a inserirsi nella vita quotidiana di alcune fasce della popolazione.

Questa tendenza alla multimedialità tuttavia non scalza in alcun modo l'informazione che proviene della televisione generalista che, per la gran parte dei cittadini, rimane decisamente l'unico mezzo di informazione. Soltanto alcune minoranze, da ricercarsi nella parte più istruita della popolazione, utilizzano accanto alla televisionc gencralista anche i sopra descritti mezzi di informazione. Abbiamo dunque due correnti che convivono nel nostro Paese: da una parte una ampia fascia della popolazione il cui mezzo di informazione resta la tv generalista, dall'altra una quota, diversa per composizione - più ricca e più istruita - che è sempre più fortemente aperta alla mutimedialità. Per quest'ultima minoranza della popolazione la televisione è solo un mezzo tra gli altri.

E' importante sottolineare questa convivenza e questa doppia corrente presente nella società, poiché questa situazione testimonia il momento di transizione che il sistema dell'informazione sta vivendo, con forti ripercussioni proprio sul piano democratico. In questa fase vi è un cambiamento in atto e di conseguenza si impone la necessità di una legislazione lungimirante, che sia in grado di mettere freno alle disuguaglianze che la grande rivoluzione digitale porta potenzialmente con sé. E da un doppio punto di vista: quello dell'offerta e quello della domanda. Con il passaggio al digitale abbiamo avuto una moltiplicazione della possibilità d'utilizzo delle frequenze che, però, non è stata gestita, a livello legislativo, in modo tale da garantire un'effettiva pluralità dell'offerta informativa, assicurando il pluralismo e dunque l'utilizzo dello spazio disponibile da parte di nuovi soggetti, alternativi ai due consolidati gruppi italiani. Inoltre, dal punto di vista della domanda, anche qui è assente quel complesso di incentivi per promuovere l'effettiva diffusione dei nuovi media al fine di evitare la costituzione di due categorie di cittadini: quelli che economicamente hanno la possibilità di accedere ai nuovi mezzi, di usarli e di informarsi tramite questi, e quelli che non possono accedervi per gli oneri ad essi connessi e che dunque restano tagliati fuori. La questione è della massima importanza: si tratta di evitare che si crei una disparità di accesso al dibattito pubblico. In tal senso purtroppo il Parlamento sembra decisamente miope. Ma l'incapacità di guardare lontano non è un problema recente, piuttosto ha caratterizzato l'intera impostazione della legislazione italiana in materia di informazione. Troppo spesso quest'ultima, invece di garantire effettiva trasparenza al mercato impedendo eccessive concentrazioni e dunque assicurando il pluralismo democratico della informazione, ha registrato piuttosto i mutamenti di mercato già avvenuti o ha evitato che ne avvenissero di nuovi.

La Costituzione ha fornito ai legislatori attraverso l'articolo 21 un punto di partenza effettivamente poco solido. Il principio della libertà di stampa e di espressione con qualsiasi altro mezzo è sì ribadito con l'esclusione di qualsiasi censura preventiva. Tuttavia il sequestro è previsto, seppur disposto dalla magistratura, oltre che per le pubblicazioni contrarie al buon costume (soggetto ai mutamenti sociali e quindi interpretativi della giurisprudenza), genericamente "per i delitti per i quali la legge sulla stampa li autorizza". Questa riserva è indeterminata e pericolosa se si considera che le leggi sulla stampa o su ogni altro mezzo di informazione sono leggi ordinarie espresse da una semplice maggioranza parlamentare[3].

E' proprio a partire dall'interpretazione della riserva contenuta in questo articolo che si è andata delineando, nelle sue diverse fasi, la legislazione in materia di informazione. Il monopolio di Stato, sancito dal Regio-decreto legislativo n°645 del 1936 - la cui validità fu ribadita seppur indiretta-

---

[3] F. CHIARENZA, *Il sistema dell'informazione e della comunicazione*, in Lezioni napoletane della scuola di liberalismo 2005, Una realizzazione degli amici della Fondazione Luigi Einaudi, Roma, 2005, p. 62.

mente dalla costituzione del 1948- venne di fatto preso d'assalto subito dopo l'avvio delle prime trasmissioni RAI-Radio Audizioni Italia[4]. Tra il 59 e il 60, infatti, pochi anni dopo la prima messa in onda, è il quotidiano "Il Tempo" la prima società privata che comincia a trasmettere un telegiornale. E a fare ricorso contro la chiusura dei suoi impianti prevista dal decreto suddetto, ottenendo dal Pretore il rinvio alla Corte Costituzionale. Quest'ultima affermò la legittimità costituzionalmente sancita del monopolio, sostenendola con due argomentazioni. La prima, di carattere teorico, faceva leva sulla distinzione tra libertà di manifestazione del pensiero, riconosciuta a tutti e sancita dall'articolo 21, e il diritto del mezzo, soggetto invece a varie limitazioni. Su questa considerazione si inseriva una seconda argomentazione, di carattere pratico, che riguardava la limitatezza delle frequenze disponibili. Secondo la Corte, solo la presenza di un operatore pubblico avrebbe garantito uno sfruttamento del mezzo a vantaggio di tutta la comunità. Questa fu la prima indiretta affermazione della funzione della televisione come servizio pubblico e di fatto la prima asserzione della legittimità costituzionale del monopolio.

Dobbiamo altresì considerare che la nostra costituzione repubblicana venne scritta sessant'anni or sono in un particolare momento storico, il nostro paese usciva infatti da una dittatura ed ancor più in un periodo in cui lo sviluppo tecnologico era da considerarsi agli albori.

Soltanto più tardi, nel biennio 74-76, sono andati maturando taluni passaggi fondamentali per lo sviluppo del sistema radiotelevisivo. Lo sviluppo tecnologico aveva dato spazio, almeno in ambito locale, a numerose emittenti televisive che, operando con sistemi a basso costo di produzione, aprivano le frontiere ad una rivoluzione nel sistema del-

---

[4] G.GAMALERI, *Lo scenario dei media radio, tv, tecnologia avanzata*, Kappa, 2006, p. 217.

la comunicazione nazionale. Si veniva perciò delineando la possibilità di affermare la decadenza del limite tecnologico ed economico sul quale la Corte aveva in buona parte basato la sopra citata decisione del 1960. Le sentenze della Corte n°225 e n°226 del 10 luglio 1974 sanciscono cinque criteri fondamentali sui quali basare la riforma della normativa sulla RAI[5]:

- **Controllo parlamentare e non governativo**: il Parlamento infatti, organo rappresentativo di tutti i cittadini tramite un'apposita commissione di vigilanza aveva il compito di controllare l'emittente pubblico
- **Pluralismo verticale**: imponeva che l'azienda utilizzando diversificate strutture centrali fornisse programmi di informazione imparziali
- **Pluralismo orizzontale**: in riferimento alla necessità di fornire rappresentanza a tutte le realtà del paese, tutelando la presenza delle singole minoranze locali
- **Riconoscimento del diritto d'accesso**: ovverosia l'opportunità di dare spazio imparzialmente a tutti i gruppi politici, religiosi e culturali
- **Allargamento alla radiotelevisione del diritto di rettifica**: questa tutela legislativa già applicata alla carta stampata veniva estesa anche al sistema radiotelevisivo

La "parlamentarizzazione" della gestione della Rai, il pluralismo delle strutture territoriali e produttive, l'accesso, l'imparzialità e la molteplicità delle fonti, sono i cosiddetti "cinque comandamenti" accolti dal legislatore. La legge di Riforma sulla Rai (14 Aprile 1975 n°103), secondo le inten-

[5] Ivi, p. 219.

zioni della Corte, avrebbe compensato la rinuncia al pluralismo, una volta sacrificata la presenza di operatori privati,
con la garanzia di una molteplicità di voci nell'ambito della
stessa fonte.

Tuttavia la costituzionalità del monopolio RAI fu messa
parzialmente in questione appena un anno più tardi. Una
sentenza del 1976 (n°202)[6] dichiarò che il monopolio pubblico delle trasmissioni via etere su scala locale era da rite-
nersi incostituzionale. A partire dal '76 l'etere divenne un
vero e proprio *Far west*: era il possesso effettivo di una cer-
ta frequenza l'unico titolo valido per dare avvio all'attività
di trasmissione. Questa situazione caotica e priva di regolamentazione è da imputarsi all'irresponsabilità del Parlamento che, a seguito del fraintendimento della Sentenza,
non si occupò di regolamentare in maniera trasparente
l'incipiente mercato televisivo privato. Questo quadro venne determinato dall'imporsi di due credenze erronee. In
primo luogo si pensò che dall'incostituzionalità del monopolio pubblico, sancito su scala locale, derivasse il diritto
soggettivo dei privati alle trasmissioni televisive. In realtà la
trasmissione è possibile solo a partire dall'utilizzo di un bene pubblico - l'etere - che dunque avrebbe necessariamente
richiesto un atto di amministrazione dello Stato.

L'errore del Parlamento fu inoltre quello di pensare che
un tale atto di autorizzazione dello Stato richiedesse un ulteriore passaggio legislativo, quando invece il Codice Postale
in vigore faceva già esplicito riferimento al potere
dell'Amministrazione (Ministro delle Poste) di organizzare
e tutelare lo sviluppo delle telecomunicazioni. In attesa di
intervenire con una legge - non necessaria - che accordasse
allo Stato la possibilità di autorizzare i privati, nessuno im-
pediva a questi ultimi di operare in totale assenza di riconoscimento. E' in tal modo che si impose il modello organiz-

[6] Ivi, p. 221.

zativo del *network*. Quest'ultimo, mutuato dal sistema televisivo americano, si basa sulla figura del gestore che tende a consorziare più emittenti locali in una rete che copre gran parte del territorio nazionale. Coloro che si associano al *network* vendono al gestore gran parte del tempo di trasmissione giornaliero e in cambio ricevono programmi di qualità superiore a quelli che avrebbero potuto acquistare come singola stazione. Il gestore guadagna attraverso la pubblicità poiché include ai programmi gli inserti commerciali, i quali, andando in onda su scala nazionale attraverso la copertura fornita dalla rete, hanno un valore del rapporto tra efficacia e costo-contatto conveniente per l'inserzionista. Di conseguenza quest'ultimo è disposto a investire ingenti somme, arricchendo il gestore del *network*.

A partire da ciò andarono a verificarsi alcuni fenomeni del tutto contrari allo spirito liberale e liberista che aveva invece ispirato la Sentenza del '76. Primo fra tutti il forte squilibrio tra vettori, che affonda proprio qui le sue radici. L'esistenza di *networks* televisivi privati di fatto su scala nazionale creò un aumento esponenziale dell'interesse per il mezzo televisivo come vettore di pubblicità. Le campagne pubblicitarie a copertura nazionale, usualmente a mezzo stampa o per affissioni, si spostarono, con la copertura nazionale fornita della rete, sul vettore televisivo.

In tal modo i *networks* cominciarono a drenare la maggior parte delle risorse finanziarie destinate alla stampa. Accanto a questo fenomeno, di fatto ancora presente e che va ad intaccare il pluralismo esterno, vi è un ulteriore elemento che si dimostrò contrario all'impianto liberale della Sentenza e che costituì il prodromo dell'attuale mancanza di pluralismo interno al vettore. Le altre stazioni televisive, quelle che davvero rimasero locali e non si associarono in *network*, vennero infatti fortemente penalizzate. Non potendo assorbire i flussi di pubblicità dei *networks* "nazionali", soffrirono di una forte carenza di risorse economico-finanziarie, che causò il loro ulteriore ridimensionamento e la perdita di competitività sul mercato. Questo quadro è aggravato dalla modalità - al limite dell'illegalità - con cui andò a delinearsi. La sentenza infatti apriva il mercato solo alle emittenze private su scala locale. I *networks* invece, connettendo in un'unica rete le stazioni locali attraverso la trasmissione nello stesso momento dei medesimi programmi preregistrati su cassetta, costituivano di fatto reti private su scala nazionale.

Sulla base di questi passaggi legislativi, dell'inadempienza del Parlamento e conformemente alla prassi andata consolidandosi con la nascita dei *networks*, nella prima metà degli anni '80 si assiste alla formazione del monopolio privato. *Telemilano* diventa il *network canale 5* di proprietà del gruppo Fininvest, la holding di Silvio Berlusconi.

Quest'ultima tra l'82 e l'84 compra rispettivamente dagli editori Rusconi e Mondadori due ulteriori *networks* su scala nazionale: *Italia1* e *Retequattro*. Ormai si è passati da un monopolio di diritto a un duopolio di fatto, in cui alla RAI si contrappone solo il gruppo milanese.

Passano più o meno dieci anni prima che si metta di nuovo mano alla legislazione in materia di comunicazione, e di fatto ciò avviene fotografando l'esistente, con la legge Mammì, non a caso definita "legge fotocopia"[7].

Occorre però dapprima fare un passo indietro, per ricostruire l'*iter* che condusse alla formulazione della legge generale del 1990.

Il decreto Berlusconi-Agnes del 1984[8] è un momento fondamentale per la costituzione dell'assetto attuale del sistema televisivo italiano. Da una parte, la sua finalità è quella di salvare le televisioni private ultra-locali dagli assalti dei pretori. Questi ultimi, nell'84, decidono di intervenire contro la situazione di illecito sostanziale in cui si trovano i grandi *networks*. I quali reagiscono con la messa in

[7] Ivi, p. 226.
[8] Ivi, p. 224.

nero dei programmi, al fine di esercitare pressione sulla o-pinione pubblica. Dall'altra il decreto sancisce e riconosce, in attesa della legge generale, l'interconnessione non già tecnica ma funzionale (tramite cassetta) messa in atto dai *networks* privati. Di fatto la legge elimina le conseguenze amministrative e penali che quel sistema generava sulla base della legislazione del '76. Tuttavia, di quanto contenuto nella precedente legge generale in materia di comunicazione non vi è alcuna traccia. Si mette mano solamente alla organizzazione interna dell'azienda pubblica, che subisce cambiamenti rilevanti. In particolare vengono aumentati i poteri affidati al Direttore Generale, il quale, assieme al leader del monopolio privato, diviene l'incontrastato protagonista del mercato televisivo. Abbiamo preferito riferirci al decreto dell'84 come Berlusconi-Agnes, piuttosto che usare la dicitura diffusa "Berlusconi-bis", per mettere in evidenza lo status di duopolio affidato ai leaders delle due aziende. E' in questo momento che si afferma la situazione di blocco degli indici di ascolto, che assegnano ai due gruppi protagonisti il 90% degli utenti complessivi. Con conseguenze davvero rilevanti per gli investimenti pubblicitari e dunque per la possibile entrata sul mercato di ulteriori soggetti, il cosiddetto "terzo polo".

L'impulso alla promulgazione di una legge generale in materia proviene di nuovo dalla Corte Costituzionale che, nel 1988, afferma (Sentenza n° 826)[9] di non pronunciarsi sull'incostituzionalità del duopolio solamente a causa della natura provvisoria del decreto, esortando di fatto ad un riassetto legislativo generale in materia di comunicazione.

La corsa contro il tempo per dare vita alla II legge di sistema della storia dell'Italia repubblicana comincia nell'88, per concludersi, senza conseguenze sull'ordine costituito, con l'approvazione del disegno di legge presentato dal Mi-

[9] Ivi, p. 225.

nistro delle Poste Oscar Mammì. Come sopra ricordato, la legge fotocopiava l'esistente, limitandosi a ratificare e a dare legittimità giuridica alla situazione venutasi a creare nel mercato radiotelevisivo italiano. Sono tre i punti che la caratterizzano[10]:

- disciplina anti-trust,
- recepimento della direttiva comunitaria,
- istituzione del Garante per la radiodiffusione e l'editoria.

Il primo punto è certamente cruciale per lo status democratico del Paese. Si tratta infatti, per la prima volta in Italia, di confrontarsi con il disegno di un assetto normativo che, fissando un limite alle concentrazioni, sia in grado di garantire, assieme alla libera concorrenza sul mercato, il pluralismo dell'offerta d'informazione.

La libertà di espressione e il diritto di essere informati, con la fine del monopolio pubblico, avrebbero potuto essere ribaditi con forza, grazie alla creazione di una cornice legislativa attenta al pluralismo, limitato di fatto ormai solamente dal numero delle frequenze e dunque delle concessioni assentibili. E' proprio a tale scopo che, teoricamente, la legge introduce lo strumento della concessione, "mezzo fondamentale per l'esercizio delle trasmissioni televisive"[11], fissandone il limite massimo di attribuzione: un unico soggetto non può concentrare su di sé più del 25% delle reti previste dal piano nazionale di assegnazione delle frequenze, e comunque non più di tre concessioni.

Tuttavia ad un'analisi più attenta il tetto si mostra del tutto in linea con l'assetto del sistema televisivo costituito. Inoltre, come è dimostrato dalla Seduta del Consiglio dei

---

[10] Ivi, p. 226.
[11] *Ibidem.*

Ministri del 28 Dicembre 1991, 6 concessioni vengono assegnate *ex ante*, prima che il numero complessivo dei richiedenti sia palese[12].

La distribuzione delle concessioni viene di fatto gestita per assicurare al duopolio la sua permanenza, senza alcuna seria intenzione di liberalizzare il mercato: il conteggio e la distribuzione delle concessioni attribuibili sulla base delle frequenze disponibili e del numero dei richiedenti viene fatto includendo dapprima i due grandi gruppi, a cui ovviamente risultano spettare tre concessioni ciascuno. Ad essere garantito è il duopolio.

La distribuzione sulla base della disponibilità e del numero *effettivo* dei richiedenti riguarda solamente i potenziali nuovi titolari, che, sin dall'attribuzione delle concessioni, risultano fortemente svantaggiati, essendo di fatto già state distribuite 6 concessioni sulla base di un minor numero di richiedenti.

Inoltre la legge non esclude la possibilità di essere titolari di più mezzi di informazione, non avendo previsto l'"opzione zero"[13], l'assoluto divieto cioè di qualsiasi concentrazione "esterna" per i titolari delle concessioni televisive. A partire da questa esclusione, gli assegnatari dell'utilizzo di frequenze televisive possono controllare anche altri vettori d'informazione, ad esempio mezzi a stampa.

Sono previste invece delle diverse condizioni di accesso per quegli editori di giornali che vogliono prendere parte al sistema radiotelevisivo. Agli editori di carta stampata con tirature superiori al 16% è del tutto precluso l'accesso alle concessioni televisive; solo quegli editori i cui giornali non superano tirature dell'8% possono concorrere all'assegnazione e comunque di non più di una concessione; infine so-

---

[12] Ivi, p.227.
[13] Ivi, p. 228.

lo editori a mezzo stampa con tirature inferiori all'8% hanno il diritto di ottenere le concessioni, e comunque non più di due[14].

E' evidente l'impronta anti-liberale dell'assetto legislativo in materia d'informazione previsto dalla legge Mammì, con particolare riferimento alla normativa anti-trust.

Vi è innanzitutto una grave disfunzione che investe il pluralismo esterno, a chiaro vantaggio del mezzo televisivo rispetto al vettore della carta stampata. Mentre solamente un editore di un giornale di piccole o medie dimensioni può essere titolare di concessioni televisive, concentrando su di sé il controllo di due frequenze televisive e di un giornale al massimo, i grandi gruppi televisivi possono detenere oltre all'utilizzo di tre frequenze, indiscriminatamente anche mezzi d'informazione a stampa .

Inoltre l'azione legislativa, unita alla distribuzione delle concessioni delle frequenze, ha pregiudicato irrimediabilmente il pluralismo interno al mezzo televisivo. A fronte dei flussi pubblicitari che tre concessioni hanno la forza di incanalare e trasmettere, ed in particolare in riferimento alla fissazione dei tetti massimi di affollamento, la legge Mammì appare lacunosa e soggetta a interpretazioni strumentali. Accanto al principio generale conforme alle direttive comunitarie in materia, in base al quale la pubblicità dovrebbe essere diffusa tra una trasmissione e l'altra e non all'interno della stessa, la legge prevede di fatto molte limitazioni, associate alla possibilità di aggirare il principio generale facendo leva sui concetti confusi contenuti nel testo.

Con la legge Mammì viene inoltre introdotta la figura del Garante per la radiodiffusione e l'editoria, che ne amplia le funzioni rispetto alla legge dell'81. Questa figura agisce assieme ad altri due organi – il Ministero delle Poste e Telecomunicazioni e la Commissione Parlamentare per la Vigi-

---

[14] Ivi, p. 229.

lanza dei servizi radiotelevisivi in relazione al servizio pubblico - dando vita ad un complesso sistema di controllo.

Tuttavia nel '94 la Corte Costituzionale interviene nuovamente, dichiarando l'incostituzionalità del limite antitrust previsto dalla legge. La decisione fa leva su due incongruenze[15]. La prima riguarda il limite alle concentrazioni fissato dalla normativa italiana a confronto con gli altri paesi europei. La seconda concerne la diseguaglianza tra carta stampata e televisione in materia anti trust. Il limite per la stampa è fissato al 20%, quello televisivo al 25%[16]. A questa disparità di percentuale numerica si aggiunge una rilevante differenza connessa alla natura dei due vettori: mentre nel settore della stampa non c'è alcuna barriera all'accesso, nel settore televisivo il numero limitato delle frequenze disponibili impone la necessità di un regime concessorio. E allora, secondo la Corte, il grado di concentrazione consentito nel settore televisivo dovrebbe essere inferiore, a fronte dell'esigenza di prevenire l'insorgere di posizioni dominanti congiunta all'inevitabile limitatezza delle concessioni assentibili. A seguito di questo pronunciamento viene istituita una Commissione Parlamentare che prende il nome dal suo Presidente, Giorgio Napolitano. Quest'ultima giunge alla stesura di un testo unificato contenente due criteri tra loro composti: uno di natura tecnica, l'altro economica. Il tasso di concentrazione limite in materia di concessioni televisive viene uniformato a quello previsto per la carta stampata. La raccolta di risorse economiche è fissata ad una quota pari al 15 e al 25%, rispettivamente per il settore pubblico e per quello privato. Il lavoro della Commissione prepara la strada alla cosiddetta "Legge Maccanico" che viene approvata nel '97 con il numero 249[17].

---

[15] Ivi, p. 232.
[16] Ivi, p. 230.
[17] Ivi, p. 233.

Quest'ultima raccoglie gli spunti offerti dal dibattito europeo di quegli anni sul tema dei mutamenti introdotti nella società dell'informazione.

Da quanto emerso dai documenti elaborati a Bruxelles, la rivoluzione dell'informazione è destinata a produrre delle trasformazioni maggiori di quelle che ebbero luogo con la rivoluzione industriale. E, a partire da ciò, sottolinea la necessità - a fronte della transnazionalità dei nuovi servizi - di un approccio che non risulti limitato ai confini delle singole legislazioni nazionali[18].

La legge Maccanico si inserisce in questo contesto, costituendo il primo passo verso un riordino complessivo del sistema della comunicazioni. In primo luogo istituisce la *Autority* per le garanzie nelle comunicazioni, organismo unico di regolamentazione per radiotelevisioni e telecomunicazioni, che sostituisce la figura del Garante. Questa trasformazione va in direzione transnazionale, poiché mentre il Garante aveva solo potere di controllo sull'osservanza della legge, l'Autorità assume poteri quasi giurisdizionali, divenendo così l'organo di governo dell'intero settore delle telecomunicazioni. Sancisce inoltre che uno stesso soggetto non può detenere concessioni e autorizzazioni per irradiare più del 20% dei canali televisivi analogici e neppure superare il 30% delle risorse economiche complessive. Nel settore privato prevede il passaggio sul satellite di Retequattro entro il mese di Aprile del 1998, in quello pubblico la rinuncia ai proventi pubblicitari su uno dei canali (Raitre). Tuttavia la stessa legge subordina i rispettivi passaggi ad "un effettivo e congruo sviluppo dell'utenza dei programmi via satellite e via cavo"[19]. Nell'attesa di un congruo ed effettivo sviluppo, nel '98 il Parlamento rimanda di nuovo l'intervento a favore pluralismo.

[18] *Ibidem*.
[19] Cit. in Ivi, p. 237.

La ricostruzione dell'iter legislativo in materia di informazione si conclude con l'analisi della normativa ancora vigente. La legge attuale, proposta dal Ministro delle Comunicazioni on. Gasparri, è stata oggetto di forti discussioni e ha dovuto affrontare un percorso tortuoso. Approvata dal Parlamento il 2 dicembre del 2003, è stata rinviata alle Camere dal Presidente della Repubblica allora in carica Ciampi il successivo 13 Dicembre. L'intervento di rinvio è stato motivato con una serie di argomentazioni, il cui motivo di fondo può essere sintetizzato citando l'ultima frase del messaggio del Presidente: "Non c'è democrazia senza pluralismo e imparzialità dell'informazione"[20].

La mancanza di volontà da parte del Parlamento di dare vita ad un quadro legislativo finalmente promotore di pluralismo è dimostrata non solo dai richiami puntuali di Ciampi ma dal testo stesso della legge, in cui la definizione del SIC costituisce il punto emblematico.

E' necessario enumerare le regole contenute nella legge[21]:

1. Per quanto riguarda il limite al cumulo dei programmi e delle risorse economiche, la legge prevede:

- La definizione del SIC (*Sistema integrato delle Comunicazioni*). Ne fanno parte: stampa quotidiana e periodica, editoria (...) anche per il tramite di internet, radio, televisione, cinema, pubblicità;
- Viene fissato al 20% il limite che ciascun soggetto può conseguire in termini di ricavi su quelli complessivi del Sistema integrato delle comunicazioni (tale limite - percentualmente inferiore al 30% fissato dalla legge Maccanico - corrisponde, a seguito

---

[20] Ivi, p. 240.
[21] Ivi, p. 241.

della definizione più ampia del bacino di competenza del SIC, a 26 miliardi contro i 12 miliardi previsti dalla legge precedente)

2. La realizzazione del digitale terrestre va attuata entro il 31. 12.2006 (limite poi posticipato al 2012)

3. Individuazione di diversi titoli di abilitazione in dipendenza delle attività svolte. Differenti requisiti per operatori di rete, fornitori di contenuti televisivi, fornitori di contenuti radiofonici.

Gli interventi puntuali di Ciampi si riferiscono, a fronte dell'impronta non pluralista della nuova legge di sistema, sia alla necessità di fissare un termine più breve per la regolamentazione della piattaforma satellitare, permettendo l'effettiva messa sul satellite di Retequattro e la sopravvivenza di Raitre senza pubblicità. E inoltre criticano la base di riferimento del SIC su cui viene calcolato il limite sui ricavi. L'ampiezza di questo riferimento permetterebbe a chi detenesse la quota massima permessa del 20% di disporre di strumenti di comunicazione in misura tale da dar luogo alla formazione di posizioni dominanti. Sebbene l'idea di considerare televisione ed editoria, telecomunicazioni e libri come un unico mercato convergente fosse già presente nella legge Maccanico - a fronte anche del dibattito in sede europea - il ministro Gasparri ha ampliato il perimetro del SIC, prevedendo che esso venga determinato: "dai ricavi del finanziamento del servizio pubblico radio-tv, dalla pubblicità nazionale e locale, da sponsorizzazioni, televendite, attività promozionali, convenzioni con soggetti pubblici, provvidenze pubbliche, offerte tv a pagamento, vendite di beni e abbonamenti, prestazioni di servizi"[22]. Un perimetro così ampio implica una cifra talmente alta al numeratore da determinare un limite anti-trust davvero aggirabile. E' il SIC infatti l'elemento decisivo per definire se e quanto possano ancora crescere sul mercato soggetti come Rai, Mediaset, RCS, Espresso. E' stato calcolato che il SIC così composto vale 26 miliardi[23]. Ne consegue che il limite al 20% fissato dalla Gasparri scatterebbe solamente oltre i 5 miliardi di euro. Una concentrazione che ipoteticamente assommasse Mediaset, Mondadori e gruppo Espresso potrebbe non raggiungere la cifra suddetta e dunque, pur potendo disporre di un sistema integrato di vettori d'informazione da record, sarebbe teoricamente legittima. L'unione Europea è intervenuta con una procedura nei confronti dell'Italia che chiedeva spiegazioni delle anomalie e storture del sistema delle telecomunicazioni causate dalla Gasparri[24].

Il "Sole24Ore" ha pubblicato una dettagliata analisi sulle singole voci del SIC e molte sono state le proposte per emendare la legge dal punto di vista del tetto d'affollamento pubblicitario. La storia è quella di un mercato in cui a canalizzare il 57% circa dei flussi pubblicitari è la televisione[25]. L'affermazione in base alla quale il duopolio televisivo attuale "ruba" clienti non solo ai giornali ma di fatto impedisce l'entrata di nuovi soggetti, è dimostrata dalla politica dei prezzi che il duopolio Sipra Publitalia può attuare, a dir poco aggressiva. Oggi un'azienda può programmare una campagna di spot in tv anche con 150 mila euro. Fino a non

---

[22] Cit. In cit. in G. Bosetti, *Giornali e tv negli anni di Berlusconi*, a cura di G. Bosetti e M. Buonocore, I libri di Reset, Marsilio, 2005, p.155.
[23] G.Gamaleri, *Lo scenario dei media, radio, tv, tecnologia avanzata*, Kappa, 2006, p. 241.
[24] Ivi, p. 242.
[25] Rapporto Nielsel 2006 http://www.nielsenmedia.it

molti anni fa la barriera di ingresso era 500 mila euro[26]. Per recuperare nuovi clienti le televendite hanno un ruolo chiave. Ma in cosa si distinguono dalle telepromozioni? Basta mandare in sovraimpressione un numero verde e proporre l'acquisto di un solo prodotto e la telepromozione si trasforma in televendita. Quest'ultima, non rientrando nell'affollamento orario, gode di un conteggio a parte.

Anche rispetto alla regolamentazione della Rai e in particolare alla nomina del Consiglio di Amministrazione, formato da 9 membri, la situazione non è confortante. Come afferma Gamaleri, infatti, "la composizione del Consiglio secondo questa normativa finisce per essere speculare alle formazioni politiche in campo, con un'esplicita appartenenza a questo o a quel partito di ciascun consigliere. Tutto ciò allontana ulteriormente il traguardo di un'azienda pubblica che assolva ai suoi compiti dimostrando nel contempo una vera autonomia rispetto alle tendenze politiche del momento, come avviene in paesi come la Gran Bretagna, l'Olanda, la Germania"[27].

I flussi pubblicitari trasmessi dalla televisione aumentano, con questo anche la mancanza di pluralismo esterno, testimoniato dall'anomalo sviluppo del rapporto tra giornali e tv in Italia e aggravato dalla mancanza di pluralismo interno al vettore televisivo. Il tutto difeso strenuamente da (quasi) tutti i legislatori che si sono susseguiti, incuranti del principio democratico del pluralismo dell'informazione. Un quadro aggravato dalla lottizzazione politica del servizio televisivo pubblico.

Da anni e soprattutto da più parti, si dibatte sulle reiterate ingerenze del sistema dei partiti nella gestione delle nomine nella nostra televisione pubblica, sulla formazione dei pa-

---

[26] G. BOSETTI, *Giornali e tv negli anni di Berlusconi,* a cura di G. Bosetti e M. Buonocore, I libri di Reset, Marsilio, 2005, p. 161.
[27] G.GAMALERI, *Lo scenario dei media, radio, tv, tecnologia avanzata,* Kappa, 2006, p. 243.

linsesti o su elementi quali la "par condicio" o il diritto di replica. Diatribe dagli stessi toni sono state sollevate anche su talune trasmissioni mandate in onda dal Gruppo MEDIASET, generando una connessione sempre più stretta fra politica e comunicazione. D'altro canto sia la nostra Costituzione repubblicana, che quest'anno compie sessant'anni, ed ancor più la morale etica racchiusa in ciascuno di noi, ci fanno individuare un elemento sostanziale della complessa questione: il diritto insindacabile di ciascun cittadino di esprimere il proprio libero pensiero; pur con i debiti modi, nonché nel pieno rispetto di idee contraddittorie. Il diritto di espressione porta con sé necessariamente quello di informazione. Il pluralismo è per così dire una strada a due sensi: quanto più ampia è la libertà di espressione tanto più ampio è il pluralismo dell'informazione. A questo proposito sono state tentate diverse soluzioni. L'ex Ministro delle comunicazioni Gentiloni ha proposto la strada volta ad istituire una sorta di "authority" che gestisca, sostituendosi al Parlamento, le tre reti pubbliche; d'altro canto verrebbe a porsi il problema delle nomine dei vertici anche nella stessa authority che, essendo comunque una diretta emanazione dell'establishment politico, risentirebbe inevitabilmente delle stesse pervicaci pressioni partitocratriche vissute attualmente dalla preposta Commissione di vigilanza RAI. Anche la via della privatizzazione appare complessa in quanto, seppur per logica è la più semplice da perseguire con i dovuti e naturali passi, cozza con gli interessi delle differenti aree di egemonia. Privatizzare una rete televisiva di caratura nazionale risulta dunque semplice sul piano delle scelte tecniche, in fondo basterebbe quotarla in borsa creandogli un azionariato diffuso, ovverosia il reale concetto anglosassone di "public company". Lo Stato italiano incasserebbe denaro fresco, da indirizzare per esempio all'abbattimento del debito pubblico, anche qui con un effettivo ritorno per ogni singolo cittadino, ed inoltre si alleggerirebbe da una serie di oneri gestionali. Ma quale gruppo di influenza scontentare? Del resto anche le televisioni private ad emittenza nazionale vivono problematiche analoghe, da anni si dibatte se mandarne una sul satellite, ma come tante altre questioni di notevole importanza anche questa resta in sospeso. Una voce realmente nuova proviene dal sistema del digitale terrestre che sta realisticamente consentendo l'affacciarsi di una pluralità di nuovi soggetti, nonché l'affermazione di un effettivo terzo polo, quello delle reti SKY. Anni addietro gli industriali di maggior forza economica acquistavano il controllo dei grandi quotidiani, non per un diretto interesse negli eventuali ricavi dei loro investimenti, bensì per utilizzare le testate giornalistiche come un mezzo per "bacchettare" il sistema politico. Oggi i palinsesti televisivi appaiono talvolta come delle simboliche "armi", utilizzate per infierire sul nostro paese o per difendere il sistema democratico che lo sorregge.

Capitolo 4

La rivoluzione digitale

Il tratto che maggiormente caratterizza l'evoluzione del sistema mediale odierno è rappresentato dai processi di ibridazione e convergenza derivanti dall'avvento delle tecnologie digitali. Non essendo più confinato a Internet e al pc, il linguaggio digitale ha cominciato a far dialogare tutti i dispositivi tecnologici che fanno parte della nostra quotidianità, sia nel lavoro che nel tempo libero. Ciò ha permesso di superare il principale limite della tecnologia analogica, costituito dalla scarsa compatibilità tra i vari mezzi di comunicazione. Il che non significa necessariamente far confluire tutti i contenuti su un unico nuovo medium universale, quanto piuttosto far "parlare" tra loro i diversi media, introducendo la possibilità di veicolare le informazioni attraverso una molteplicità di canali e di accedervi mediante strumenti differenti. "Convergenza significa maggiore diversificazione per le tecnologie digitali che abitano la nostra cultura"[1]. La principale novità del nuovo ambiente digitale è dunque rappresentata dal fatto che le informazioni divengono sempre più manipolabili ed interscambiabili, indipendentemente dalla tecnologia con cui vengono trasmesse e dal dispositivo attraverso cui vengono fruite. L'avvento del digitale ha dunque consentito il passaggio da un sistema "diffuso", costituito cioè da sottosistemi tecnologici sostanzialmente autonomi (in termini di processi produttivi, tecnolo-

---

[1] BOLTER, D.J, GRUSIN, R. *Remediation. Understanding New Media,* The MIT Press, Cambridge Mass. 1999; trad. it. *Remediation. Competizione e integrazione tra media vecchi e nuovi,* Guerini e associati, Milano 2002, p. 260

gie di trasmissione e patrimonio informativo) ad un sistema integrato e multiaccessibile. A partire dalla seconda metà degli anni Novanta anche la televisione è divenuta oggetto di questi nuovi processi che hanno dato luogo ad una geografia composita e mutevole, spesso anche difficile da seguire.

Un fatto però è certo: la tv sta cambiando e si sta entrando a grandi passi nell'era dei servizi televisivi trasmessi su piattaforme diverse dalle reti terrestri. Mentre il satellite è ormai una certezza acquisita, anche il digitale terrestre sta conquistandosi un posto nelle case degli italiani, per non parlare della tv sui telefonini di terza generazione e dei programmi cui si può accedere via Adsl, arricchiti per di più di nuovi servizi interattivi e a pagamento.

La trasmissione digitale costituisce una tappa di capitale importanza nello sviluppo dei sistemi televisivi. La progressiva sostituzione degli attuali mezzi analogici di produzione, trasmissione e ricezione televisiva, con una nuova generazione di mezzi digitali, comporta un potenziamento del servizio televisivo in termini sia di quantità che di qualità. E' per questo motivo che, anche sotto la spinta di una nuova regolamentazione della materia[2], l'intero universo televisivo è destinato a cambiare.

Due sono le principali leve tecnologiche che hanno permesso la trasformazione della televisione tradizionale nella nuova televisione digitale: la codifica dei segnali in forma numerica (digitalizzazione) e lo sviluppo delle tecniche di compressione[3]. Se la prima è alla base del processo di con-

---

[2] A dicembre 2005 il Consiglio dei Ministri dell'Unione Europea ha adottato le nuove *guidelines* sulla transizione al digitale. Obiettivo condiviso del Consiglio UE è la fissazione al 2008 della data di avvio del passaggio all' *"All digital"* da parte di tutti i paesi membri (c.d. *switch over*) e la fissazione al 2012 della data di definitivo spegnimento del segnale analogico (*switch off*). (Bruno, Nava, 2006)

[3] Per compressione si intende la riduzione della quantità di informazioni necessarie alla descrizione di un contenuto, con l'effetto di ridurre

vergenza, oggi sempre più orientato verso una logica multi-canale, la seconda, ottimizzando l'efficienza e la capacità delle reti trasmissive, ha permesso una sostanziale moltiplicazione dell'offerta televisiva.

Si tratta di innovazioni che non hanno una valenza esclusivamente tecnologica ma che esercitano un impatto profondo su tutte le dimensioni del sistema televisivo, dalle tipologie di offerta alle modalità di consumo. Al di là degli aspetti puramente tecnici, il sistema televisivo è al centro di un processo di trasformazione e di ibridazione che sta rivoluzionando il modo di fare e di vedere la tv. In primo luogo i soggetti professionali che si dedicano all'ideazione, alla creazione e alla confezione di prodotti televisivi digitali lavorano con un crescente grado di autonomia, dal momento che spesso partecipano a tutte le varie fasi del processo, dall'inizio alla fine. Decade così gran parte della loro collocazione in una sorta di catena di montaggio, mentre a guadagnarne sono la creatività, la sperimentazione di nuovi linguaggi e l'interscambio di competenze tra i vari operatori del *team* di produzione. Inoltre il *broadcaster*, soggetto tipicamente monolitico e figura cardine della produzione televisiva tradizionale, nel nuovo scenario digitale viene progressivamente sostituito da una serie di nuove figure con differenti ruoli e funzioni. Si tratta della distinzione tra *content provider* (fornitore di contenuti), *network provider* (operatore di rete) e *service provider* (fornitore di servizi) [4].

l'occupazione di memoria e/o di banda, cercando di salvaguardare il più possibile la qualità originaria del segnale. E' un processo che si basa sul principio dell'eliminazione della ridondanza, ovvero dei bit ripetitivi. In campo televisivo rivestono una particolare importanza due standard internazionali: l'MPEG-2, adottato dal consorzio europeo DVB (Digital Video Broadcasting), e l'MPEG-4 per quanto riguarda la trasmissione via cavo e i sistemi *wireless*.

[4] Nel caso della tv digitale terrestre i ruoli di queste tre categorie di soggetti sono definiti nel dettaglio dalla nuova regolamentazione in materia, contenuta nella legge n.66/2001 e attuata mediante il regolamento

Della prima categoria fanno parte i soggetti che producono, organizzano ed offrono al pubblico i contenuti dei vari canali digitali e che hanno la responsabilità editoriale nella predisposizione e gestione del palinsesto (ad esempio le società che gestiscono canali tematici); gli operatori di rete, invece, sono i soggetti titolari del diritto di installazione, esercizio e fornitura della rete di trasmissione e dell' impianto di messa in onda e provvedono a diffondere e a distribuire il segnale; infine, i *service providers* si occupano di fornire sistemi di accesso condizionato (mediante la distribuzione di chiavi numeriche o *smart card* per l'abilitazione alla visione di programmi e alla fatturazione dei servizi), provvedono all'offerta di una serie di servizi aggiuntivi e gestiscono il rapporto con gli utenti.

Il passaggio dall'analogico al digitale implica una serie di effetti rilevanti anche per quanto riguarda le modalità di distribuzione dei contenuti.

Innanzitutto, la codifica numerica del segnale televisivo, oltre a comportare un miglioramento della qualità del segnale stesso, offre l'opportunità della *Multicanalità*.

Quest'ultimo concetto può essere considerato uno dei tratti distintivi della nuova televisione digitale, ed essere interpretato in una duplice accezione. Fa riferimento sia alla moltiplicazione dell'offerta di canali televisivi, sia alla diversificazione dei canali distributivi. Il primo aspetto riguarda il passaggio dalla *mainstream tv* alla *multichannel tv* [5], fenomeno che ha avuto inizio con l'avvento della televisione satellitare e che rappresenta uno dei maggiori vantaggi derivanti dall'introduzione della tv digitale terrestre. La

emanato dall'AGCOM con delibera 431/01/CONS. Tale regolamento prevede, tra l'altro, il rilascio di titoli abilitativi diversi per i tre soggetti coinvolti (licenza per l'*operatore di rete,* autorizzazione per i *content providers* e i *fornitori di servizi*).
[5] De Domenico F., Gavrila M., Preta A. *Quella deficiente della TV. Mainstream television e multichannel,* FrancoAngeli, Milano 2002.

proliferazione dei canali non comporta soltanto un muta-
mento di natura quantitativa, ma determina anche una serie
di cambiamenti qualitativi per ciò che attiene le modalità di
offerta dei contenuti televisivi[6].

Il secondo aspetto si riferisce invece alla possibilità di
trasmettere e ricevere gli stessi contenuti attraverso reti e
terminali di natura differente. Una serie di importanti innovazioni tecnologiche hanno infatti contribuito ad aumentare
il numero degli operatori attivi nel settore televisivo e delle
opportunità di diffusione dei contenuti, con la conseguente
possibilità di un grado di pluralismo maggiore rispetto al
duopolio del sistema televisivo analogico tradizionale. Si è
assistito, in particolare, alla nascita di reti di comunicazione
alternative e all'aumento della capacità di trasmissione, anche delle infrastrutture esistenti, grazie soprattutto allo sviluppo di tecnologie a banda larga.

Alla luce del mutato contesto tecnologico, i contenuti e i
servizi televisivi possono essere attualmente distribuiti attraverso sistemi e piattaforme differenti, ciascuno con i propri vantaggi e limiti: l'etere (terrestre) analogico e digitale;
il satellite, analogico e digitale; il cavo coassiale, analogico
e digitale; il doppino telefonico con l'ADSL (basato sul protocollo Ip); la fibra ottica (sempre su Ip). Ultimamente, alle
piattaforme fisse che raggiungono le abitazioni, si sono ag-
giunte quelle che servono terminali mobili (cellulari, palma-
ri), anch'esse digitali, basate su protocollo Ip. Le emittenti
televisive avevano a disposizione delle "finestre" temporali
limitate per trasmettere i propri programmi, ed erano -lo
sono ancora in parte- costrette a scegliere contenuti che fossero attraenti per un pubblico il più ampio ed eterogeneo
possibile. Come si è visto, nel contesto digitale, man mano
che cresce il numero di canali e aumentano le piattaforme
attraverso cui distribuire i contenuti, l'offerta si moltiplica e

---

[6] *Ibidem*, par. 1.1.3.

le possibilità di scelta a disposizione degli utenti aumentano. Quando ai consumatori vengono offerte infinite scelte,
si rivela la vera domanda, ed essa risulta meno di massa di
quel che si possa pensare.

Capitolo 5

Economia e comunicazione globale

Ennio Flaiano, autorevole scrittore ma a mio avviso anche antesignano interprete degli usi e dei costumi del nostro paese, era solito ripetere come l'utilizzo del mezzo televisivo fosse determinante per la corretta diffusione della democrazia. Trasponendo ad oggi questo concetto, potremmo considerare l'applicazione del "mezzo televisivo", assommandolo naturalmente alle moderne tecnologie di comunicazione, quali la rete internet, la video-telefonia, i canali satellitari, ovvero tutto il nuovo sistema nato con la rivoluzione digitale e definito nel suo complesso audiovisivo, quale strumento determinante dello sviluppo economico e produttivo nell'ormai consolidato villaggio globale.

Sino a pochi decenni or sono, i sistemi produttivi erano in competizione fra loro solamente su principi di natura economica, come ad esempio la qualità della produzione o lo sviluppo tecnologico e solo successivamente sulle sinergie della distribuzione; ma attualmente a questi basilari presupposti industriali e commerciali si è andato affiancando prima e fondendosi poi, un sistema integrato fra economia e comunicazione divenuto di fatto il vero cuore pulsante della globalizzazione. Un ulteriore elemento di accelerazione del processo di integrazione fra economia e comunicazione è stato indubbiamente apportato anche dai mercati finanziari: il cosiddetto money market. Il quale giocando sulle differenziazioni temporali fissate dai fusi orari, dove operano le principali borse mondiali, ha finito per dar vita ad un mercato che lavora nei fatti in tempo reale annullando virtualmente distanze o spazi temporali; questo grazie anche alla conseguente evoluzione del mercato telematico definito dagli addetti ai lavori "the big bang". Gli strumenti di comunicazione, partendo dal "mezzo televisivo" di cui Flaiano ebbe fra i primi a comprendere le potenzialità, debitamente integrato con tutte le sue specifiche innovazioni, si sono trasformati in armi per la competizione sui mercati economico- finanziari internazionali. Parafrasando Von Clausewitz, il grande stratega prussiano, apparirebbe come se dal centro della battaglia le posizioni di maggior vantaggio si spostassero costantemente sulle ali ovvero sui cosiddetti "punti di prossimità"; con i competitors che vengono conquistati con le azioni di marketing, con le reti di comunicazione e con la possibilità di acquisire sempre maggiori informazioni. I suddetti strumenti mediatici hanno finito dunque per acquisire un ruolo talmente determinante, anche in termini finanziari, da risultare ormai imprescindibili per gli operatori economici. Esemplificando possiamo rilevare un tangibile scambio fra l'attività produttiva diretta e la comunicazione subliminale proprio nell'industria cinematografica, ove le cosiddette Majors statunitensi da anni utilizzano l'elemento del "product-placement", ottenendo così un contributo sui costi di produzione in cambio di un'azione promozionale a sostegno di imprese non necessariamente connesse al comparto cinematografico. Le ulteriori possibili esemplificazioni sono comunque molteplici, ma possiamo sintetizzare il concetto semplicemente ricordandoci come, in molte occasioni, prodotti a basso contenuto qualitativo hanno riscosso sui mercati risultati indubbiamente rilevanti, in quanto ampiamente supportati da attente strategie di comunicazione, da "testimonial" di grande visibilità o da una capillare azione di distribuzione. La democrazia trovò nel dopo guerra, come ci ricorda Flaiano, un passaggio evolutivo fondamentale tramite l'utilizzo della televisione.

Oggi, in un momento in cui l'economia tende sempre maggiormente ad offrire risposte alla politica, il sistema dell'audiovisivo, figlio dell'allora "tubo catodico", che di recente ha trovato anche nel web un ulteriore grande diffusore, è divenuto uno dei principali motori del "villaggio globale". La tecnologia della comunicazione andatasi ad affiancare alla finanza, da sempre il "carburante" nel ciclo produttivo delle imprese, ha reso il mondo in cui tutti noi viviamo idealmente molto più piccolo, ma anche molto più complesso, in quanto ora possiamo osservarlo da molteplici angolazioni. Proprio alla luce di queste riflessioni, appare sempre più evidente come   discipline venutesi a formare attraverso processi culturali diversi fra loro, possano integrare le rispettive esperienze focalizzando obiettivi comuni.

Capitolo 6

Web e democrazia

Poco più di un decennio fa, il dibattito sul futuro che l'avvento di internet avrebbe riservato alle democrazie si divideva tra "apocalittici" e "integrati"[1].

I primi profetizzavano catastrofi e sostenevano che la via della democrazia non potesse passare attraverso il web, insieme simbolo e mezzo di diffusione delle più pericolose minacce per i nostri sistemi di governo: populismo, dittatura della maggioranza e democrazia plebiscitaria.

I secondi, predicatori delle virtù terapeutiche del web, profetizzavano invece a gran voce che il cyberspazio avrebbe prodotto una intelligenza collettiva, in grado di dar vita a ragionamenti e decisioni condivise.

Oggi il rapporto tra web e democrazia ha preso corpo, è cresciuto, è una realtà concreta e in continuo divenire. Con la conseguenza di far apparire le predizioni chimeriche o catastrofiste di poco più di dieci anni fa, frutto di un passato ormai concluso.

Mettiamo subito un punto fermo: le caratteristiche di internet e delle tecnologie digitali hanno dimostrato di essere ottimi strumenti al servizio della democrazia poiché contribuiscono ad ampliare la partecipazione della cittadinanza al dibattito pubblico, amplificando il dialogo tra amministratori e amministrati. Tuttavia, questo apporto positivo è subordinato e dunque connesso al tasso di alfabetizzazione "digitale" dei cittadini, alla diffusione di internet a banda larga (via cavo o adsl), alla capacità di navigare sul web, al-

---

[1] Sulla configurazione del dibattito dei primi anni '90 in riferimento all'avvento di internet D. PITTERI, *Democrazia elettronica*, Laterza, 2007, p. 28.

la effettiva acquisizione degli strumenti e delle competenze necessari all'utilizzo del mezzo. Vi sono infatti due variabili concrete al fine dell'effettivo apporto che internet può dare alla vita democratica. In primo luogo la diffusione tecnologica, dunque la presenza della banda larga sul territorio nazionale, efficace e alla portata di tutti. Su questo punto l'Italia sconta un discreto ritardo rispetto agli altri paesi europei. Nell'ultimo rapporto *i2010*[2] (il gruppo di lavoro della Commissione Europea sulla società dell'informazione) si legge che nel nostro paese la diffusione di connessioni a banda larga è inferiore alla media europea, soprattutto nelle zone rurali, e la percentuale delle persone che dichiarano di utilizzare internet è del 30,8% contro il 47% della media europea. In secondo luogo è necessario considerare la competenza, che si divide in un due ulteriori elementi. Il possesso dell'alfabeto del web, dunque la capacità di fare ricerca e saper accedere alle informazioni, potendo in tal modo esercitare il proprio diritto ad essere informati. E saper partecipare ai forum di discussione, saper aprire un blog, entrare in una community, conoscere dunque il modo in cui sul web ci si può liberamente esprimere. Si tratta di avere le competenze necessarie per esercitare parallelamente il diritto di essere informati e quello di esprimersi. Questi due diritti, punti nodali di ogni vita democratica e dunque dell'esistenza stessa di una forma di governo che possa definirsi tale, sono sempre più interconnessi.

In questo senso si può affermare che le nostre democrazie possono guardare alle tecnologie digitali come a qualcosa "che rende più semplice ciò che prima era difficile"[3]. Cioè la condivisione delle idee, dello scambio di opinioni su una base più allargata, nello spazio e nel tempo. Il web, così come si sta configurando, permette più che di cambiare la

[2] http://ec.europa.eu
[3] D. PITTERI, *Democrazia elettronica*, Laterza, 2007, p. 43.

politica, di capirla e interpretarla, perché apre spazi di relazione e discussione prima preclusi, rendendo vivo il dibattito pubblico. Quella parte della politica che è attenta al ruolo dei governati e non pensa che la rappresentanza venga inficiata da una più ampia partecipazione al dibattito pubblico, ha saputo utilizzare il web come spazio per condividere il lento processo di ragionamento che conduce a prendere decisioni sulla cosa pubblica. Dunque internet può essere utilizzato quale strumento per ampliare lo spazio della rappresentanza, come estensione di un'amministrazione che sa mettersi all'ascolto. L'*e-government* ad esempio è una delle chiavi per poter avviare una preparazione alla ricezione e all'utilizzo di internet come medium per un maggiore coinvolgimento democratico[4].

Certamente l'utilizzo di internet implica l'aumento del pluralismo dell'informazione, della possibilità di interazione e di partecipazione al dibattito pubblico. Tuttavia la tecnologia digitale cambia radicalmente anche il rapporto che si ha non solo con i propri rappresentanti, ma anche con il mondo intero globalizzato. Tutti gli eventi accadono "contemporaneamente", luoghi lontani sono divenuti "vicinissimi". Bisogna cioè domandarsi come cambia questo rapporto, poiché la"quantità" di informazione, che in questo caso si accompagna al pluralismo delle fonti, è sempre più legata alla coincidenza tra colui che informa e colui che è informato. E' quello che Alvin Toffler ha definito con il termine *Prosumer*[5], un'ibridazione tra consumatore e produttore, un individuo cioè attore e ricettore allo stesso tempo. Nel contesto dei nuovi media digitali, il soggetto abbandona progressivamente la posizione subalterna di fruitore passivo, tradizionalmente assegnatali dai mezzi di comunicazio-

---

[4] Ivi, p. 54.

[5] G.GAMALERI, *Lo scenario dei media radio, tv, tecnologia avanzata*, Kappa, 2006, p. 300.

ne di massa, in favore di una funzione sempre più attiva e critica, fino a divenire lui stesso creatore e fornitore di contenuti. Colui che si informa attraverso i mezzi digitali diviene infatti allo stesso tempo, esprimendosi sul web e partecipando alla vita pubblica, anche produttore di informazione. Per questo "cittadino" il problema dell'accesso al dibattito pubblico cambia radicalmente.

Se il percorso conoscitivo e di acquisizione di informazione era - ed è ancora in parte visto che la rivoluzione digitale non si è ancora conclusa - quello di procurarsi le informazioni e di avere accesso ad una pluralità di fonti, nell'era digitale il problema è sapere quali domande porre. Potenzialmente infatti posso sapere tutto, il punto sta nella capacità di discernere cosa è utile sapere e cosa non lo è. Ciò implica la necessità di essere muniti di criteri di discernimento maggiori rispetto a quelli richiesti a colui che si informa passivamente. A quest'ultimo è infatti richiesto di giudicare se un'argomentazione o un servizio d'informazione è coerente, dà una versione dei fatti, aiuta a chiarire a livello interpretativo uno scenario, o se invece non è in grado di farlo. Al secondo è richiesto invece sapere cosa chiedere e come farlo.

Il processo di acquisizione delle informazioni passa da quella che viene definita "fase esplosiva" o "esplorativa" alla cosiddetta "fase implosiva" [6]. La vera incognita è data dall'effettiva capacità di uomini e donne di oggi e di domani di saper navigare nel mare informativo, che in potenza è già a disposizione. La sfida non consiste più nel costruire risposte, ma nel saper porre le domande. L'individuo e la sua capacità di domandare sono al centro della sfida che appartiene ai cittadini della democrazia digitale.

---

[6] G. GAMALERI, *La comunicazione e il formarsi un'opinione libera*, lezione tenuta nell'ambito della Scuola di Liberalismo, Roma, 15 marzo 2002, www.fondazione-einaudi.it/Download/lezione%20Gamaleri.doc

Conclusioni

L'argomento trattato nei precedenti capitoli appare di per sè talmente vasto che, seppur nell'ampiezza di quanto esposto, difficilmente si sarebbe potuto risultare esaustivi. Le analisi effettuate risultano del tutto in linea sia con quanto affermato dagli studiosi del settore, sia con quanto rilevato fra gli operatori, ma ancor più con i dati emersi dalle ricerche di mercato. Il sistema della comunicazione non si ferma dunque alla contrapposizione fra il duopolio RAI – Mediaset.

L'oligopolio televisivo è attualmente in pieno *work in progress,* in quanto si affacciano sullo scenario una serie di nuovi protagonisti. "La7" ha infatti saputo trovare un suo spazio di nicchia forte. D'altro canto il gruppo SKY, facente riferimento al tycoon australiano Rupert Murdoch, sta assumendo un ruolo di ampio interesse anche nei palinsesti italiani. In tal senso ricordiamo che il TG di Sky è stato premiato lo scorso anno quale miglior telegiornale italiano. Sicuramente alla base di questo successo, oltre alle positive valutazioni tecniche, si è aggiunto anche il vasto consenso ottenuto fra il pubblico che è stato attirato da un telegiornale che basa la sua forza di penetrazione solamente sulle notizie, proposte scevre da commenti e soprattutto costantemente aggiornate. Anche i conduttori, tutti giovani giornalisti, che si ricambiano fra loro frequentemente nel susseguirsi delle edizioni, hanno saputo dare un'impostazione nuova, veloce, che ha contribuito a riscuotere successo fra i telespettatori. Inoltre anche le numerose emittenti cosiddette "locali" in molte regioni del nostro paese possono contare su ben consolidate fasce d'ascolto. Gli eventi fortemente legati al territorio - siano essi sportivi, culturali o turistici - possono infatti trovare maggior risalto su frequenze a carattere regionale rispetto all'eco che avrebbero su quelle nazionali. Anche se il proliferare delle frequenze offre sempre nuove possibili alternative, l'oligopolio non si è tuttavia ancora compiuto.

Più o meno cinquantanni or sono, quando il tubo catodico trasmetteva solamente il monoscopio della RAI, per altro con un solo canale, i concetti della comunicazione erano pochi, semplici e lineari. Successivamente le reti RAI divennero prima due e poi tre, sino al 1976, l'anno che segnò la nascita dell'emittenza privata e da questa la crescita di quelle che oggi sono le tre reti Mediaset. Il problema del duopolio televisivo si conclamò di fatto solamente nel 1994 con quella che venne successivamente definita dai media: "la scesa in campo" di Silvio Berlusconi, il quale lasciò la poltrona di Presidente della Fininvest, all'epoca la società di controllo delle televisioni del biscione ed attualmente la holding del gruppo Mediaset, per quella da Presidente del Consiglio dei Ministri. Nella campagna elettorale che portò quell'anno Berlusconi a Palazzo Chigi, le reti Mediaset vennero impiegate come mezzi di persuasione di massa, sostenendo non solo il successo del neonato partito, ma soprattutto aprendo una nuova dimensione della comunicazione politica, quella mediatica. Si delineò immediatamente quello che ancor oggi appare come una questione irrisolta: "il conflitto d'interessi". In sintesi uno dei più affermati imprenditori italiani, già titolare delle tre emittenti commerciali di maggior ascolto del paese, eletto alla Presidenza del Consiglio, finisce di fatto per avere, se pur indirettamente, la facoltà di poter ingerire nella gestione delle reti pubbliche, venendosi così a trovare con la possibilità d'indirizzare il consenso di tutta la nazione.

Comunque la situazione di duopolio assumeva in se stessa talune particolari sfaccettature, ad esempio la peculiarità legata alla coalizione di volta in volta vincente, che tendeva a ripartire la gestione delle singole reti RAI fra i componenti della coalizione stessa. Al contempo anche nelle reti Mediaset si possono rilevare scelte sostanziali d'indirizzo e di sostegno differenti fra le tre linee editoriali. Comunque dalle sensazioni raccolte fra i nostri concittadini emerge che la contrapposizione viene valutata tra le reti di Berlusconi e la televisione di stato. Al riassetto dell'attuale sistema del duopolio televisivo stanno lavorando eminenti uomini politici, il Presidente Berlusconi infatti fece stilare dai Suoi avvocati un contratto definito "blind-trust", finalizzato a mantenere la proprietà delle proprie reti, senza di fatto poterne entrare nella gestione. Il Ministro Gentiloni preposto al dicastero delle Comunicazioni del passato Governo Prodi, stava lavorando all'ipotesi di una fondazione che detenesse la proprietà della RAI, con la gestione affidata ad un Amministratore Unico in sostituzione del vigente Consiglio d'Amministrazione. Purtroppo l'immobilismo della politica ed ancor più la presenza d'interessi divergenti da parte dei vari soggetti coinvolti, lasciano intendere che una reale soluzione potrà più facilmente offrirla il mercato, ormai globale proprio grazie all'innovazione e alla tecnologia - da cui l'acronimo: I.T.C.- che, continuando ad evolvere, finirà col sopravanzare anche in futuro eventuali riassetti normativi. Sarà probabilmente la tecnologia a spostare in avanti i confini del mondo della comunicazione globale.

Un ulteriore importante passo è stato sicuramente l'avvento del digitale terrestre che offrendo una serie di nuovi canali sta entrando, se pur con taluni ritardi, nella quotidianità degli italiani con una pluralità di informazioni e di servizi specializzati. Inoltre la già vasta diffusione del mondo del "web" che, con il ricambio generazionale in corso, andrà nei prossimi anni maggiormente ampliandosi, porta un elemento nuovo ed ancor più destabilizzante rispetto all'attuale sistema. Le passate generazioni di cittadini hanno di fatto sempre subito le notizie e le informazioni che venivano trasmesse nell'etere, sia dalle televisioni che dalle radio, mentre le prossime utilizzando il "web" potranno, come per altro già stiamo cominciando ad assistere, partecipare al mondo della comunicazione veicolando nella "rete" le proprie idee o le proprie esigenze, sfuggendo al controllo o alla regia dei gruppi editoriali, siano questi pubblici o privati. Abbiamo ripercorso nei capitoli precedenti alcuni dei passaggi salienti dello sviluppo della comunicazione: il controllo della comunicazione di massa attraverso i giornali prima e l'emittenza radiotelevisiva poi è stata determinante per la ricerca del consenso sia esso connesso alla politica, alla cultura o più semplicemente al collocamento sul mercato di singoli prodotti. Oggi con lo sviluppo di nuove tecnologie applicate alla comunicazione globale, appare possibile, in un futuro ormai prossimo, contrapporre alla ricerca del consenso veicolata da una sorta di oligarchia mediatica, un allargamento del dibattito pubblico in grado di rendere ogni cittadino potenzialmente produttore e consumatore di messaggi, capace dunque di dissenso o di contro-informazione, tramite i giornali "on-line", i "blog" o la dilagante espansione di "You tube".

Dunque il problema inerente al rapporto tra libertà di stampa e democrazia non sembra essere più il pluralismo dell'informazione, ma la capacità di ognuno di selezionare e discernere nel vasto mare informativo disponibile, sapendo porre le giuste domande. L'individuo e la sua capacità nel saper domandare, sono al centro della sfida che appartiene ai cittadini della democrazia digitale.

Bibliografia

BOLTER, D.J, GRUSIN, R. *Remediation. Understanding New Media*, The MIT Press, Cambridge Mass. 1999; trad. it. *Remediation. Competizione e integrazione tra media vecchi e nuovi*, Guerini e associati, Milano 2002.

BOSETTI G. BUONOCORE M., *Giornali e tv negli anni di Berlusconi*, Marsilio, Venezia, 2005.

BOSETTI G., *Anomalia italiana televisione*, allegato al 21° n° di "Reset".

CHIARENZA F., *Il sistema dell'inoformazione e della comunicazione*, Lezioni Napoletane della Scuola di liberalismo, Fondazione Einaudi, 2005.

CHOMSKY N. HERMAN S., *La fabbrica del consenso*, il Saggiatore, Milano, 1998.

CHOMSKY N., *Conoscenza e libertà*, il Saggiatore, Milano, 2004.

DAHL R., *Sulla democrazia*, Laterza, Roma-Bari, 2000.

De Domenico F., Gavrila M., Preta A. *Quella deficiente della TV. Mainstream television e multichannel*, FrancoAngeli, Milano 2002.

GAMALERI G., *Lo scenario dei media, radio, tv, tecnologie avanzate*, Kappa, Roma, 2006.

GOEBBELS J. cit. in R.E. HERZSTEIN, *The War that Hitler won*, Paragon House, New York, 1987.

HABERMAS J., *Storia e critica dell'opinione pubblica*, Laterza, Roma-Bari, 1998.

KANT E., *Scritti di storia politica e diritto*, Laterza, Roma-Bari, 2002.

MARZO E., *La voce del padrone. Saggio di liberalismo sulla servitù dei media*, Dedalo, Bari, 2006.

MURIALDI P., *Storia del giornalismo italiano*, il Mulino, Milano, 2006.

PITTÈRI D., *Democrazia elettronica*, Laterza, Roma-Bari, 2007.

ROPPO E., *Il sistema televisivo pubblico e privato*, Giuffrè, Milano, 1991.

ROSSINI G., *Il pluralismo*, Cinque Lune, Roma, 1977.

SORICE M., *Le comunicazioni di Massa. Storia, teorie e tecniche*, Editori Riuniti, Roma, 2004.

TRAFAGLIA N., *La stampa italiana nell'età della tv*, Laterza, Roma-Bari, 2002.

ZACCARIA R. *Leggi in materia di informazione e di comunicazione,* Cedam, Padova, 2000.

ZACCARIA R., *Radiotelevisione e costituzione*, Giuffrè, Milano, I ed. 1977.

Webgrafia

http://www.nielsenmedia.it

http://www.censis.it

http://www.fieg.it

http://ec.europa.eu

www.ingramcontent.com/pod-product-compliance
Lightning Source LLC
Chambersburg PA
CBHW020351290526
45785CB00005B/2236